दर्द-ए-दिल

कविता और शायरी

श्रीराज मेनन

क्रम-सूची

क्रम-सूची

क्रम-सूची

क्रम-सूची

क्रम-सूची

भूमिका

पुस्तक में लेखक द्वारा लिखित हिंदी कविताएँ और शायरी शामिल हैं। इसमें कविताएं, शायरी और प्रेरणादायक उद्धरण शामिल हैं।

इस पुस्तक में लेखक द्वारा लिखी गई कुछ कविताएँ और शायरियाँ हैं जो प्रेम, प्रकृति और जीवन के सामान्य दैनिक पहलुओं पर आधारित हैं। कुछ प्रेरक प्रसंग भी हैं। प्यार में पाया गया प्यार, खोया हुआ प्यार और फिर से जगा हुआ प्यार शामिल है। इसी तरह, प्रकृति में प्रकृति का महत्व है और लोग बिना किसी दुष्प्रभाव के प्रकृति का अपने फायदे के लिए दुरुपयोग करते हैं। सामान्य में जीवन के सामान्य पहलू होते हैं जो लोगों और परिवेश के साथ चलते हैं।

पावती (स्वीकृति)

मैं अपने उन दोस्तों को धन्यवाद देना चाहता हूं जिन्होंने मुझे कविताएं और शायरी लिखने के लिए प्रेरित किया, जिसे मैं कहता था और भूल जाता था। मैं Your Quote प्लेटफॉर्म और उसके सभी सदस्यों और समूहों को भी धन्यवाद देना चाहता हूं जिन्होंने मुझे अनुमति दी और मुझे इसके मंच पर अपनी सामग्री लिखने के लिए प्रेरित किया। मैं नोशन प्रेस और उसके सभी सदस्यों को भी धन्यवाद देना चाहता हूं जिन्होंने मुझे अपनी सामग्री को अपने मंच और समय-समय पर मार्गदर्शन के माध्यम से प्रकाशित करने की अनुमति दी, जो उन्होंने मुझे मेरी त्रुटियों को ठीक करने के लिए दिया।

1. वक़्त तुम्हारा है

वक़्त तुम्हारा है

आज वक़्त तुम्हारा है
कल वक़्त हमारा होगा
आज का दिन तुम्हारा है
कल का दिन हमारा होगा

तुम्हें किस बात का गुरूर है
वक़्त बदलता है बदलता रहेगा
आज ख़ुशी तुम्हारे दामन में है
तो कल ख़ुशी हमारा होगा

ये मत भूलना तुम कभी भी
हर रात का एक सवेरा होगा
जहाँ रोशनी से उज्जागर है
वहाँ घनघोर अँधेरा भी होगा

— शब्दसारथी

2. अभ्यास का अभ्यास

• 2 •

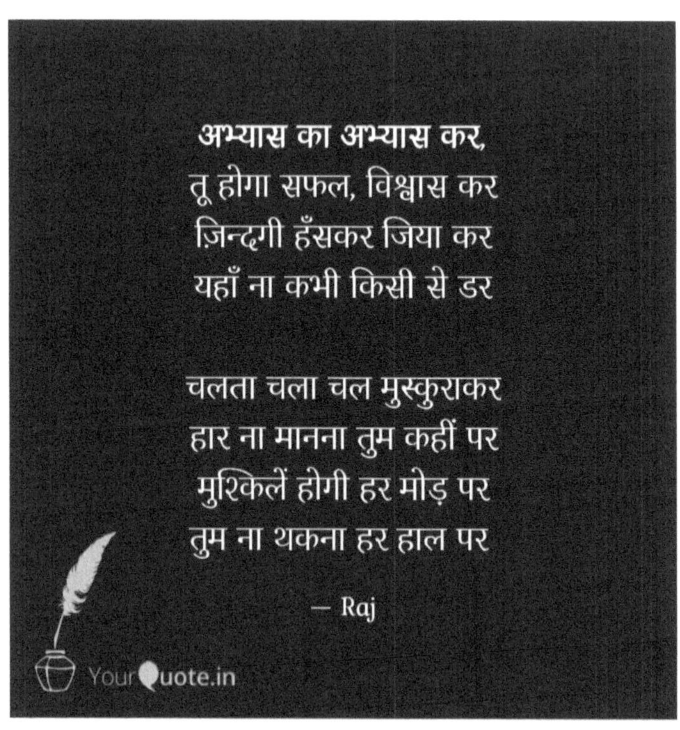

3. अगर मन साफ़ हो

अगर मन साफ़ हो
शुद्ध हो तेरा जेहन
अगर तन साफ़ हो
शुद्ध हो सारा जीवन

अगर कर्म अच्छा हो
सुःख मिले सारा जीवन
अगर कर्म बुरा हो
दुःख मिलेगा इस जन्म

— Raj

4. अकेले ही चलना

अकेले ही चलना पड़ता है

अकेले ही चलना पड़ता है
इस जीवन सफ़र में यारों
कोई भी साथी नहीं होता है
बस तन्हा सा सफ़र है यारों

जन्मा हूँ अकेला दुनिया में
जाऊँगा भी अकेले यारों
इस जन्म से अंत तक ही हैं
अपना ये जीवन सफ़र यारों

— Raj

5. अनजान शहर

अनजान शहर, सुनसान सड़क,
जाना कहाँ है ये किसको खबर

चढ़ गया डगर, दिखा न झलक,
मंज़िल कहाँ है, मिला न हमसफ़र

— Raj

6. अपनों के दिए घाव

अपनों के दिए घाव

अपनों के दिए घाव
गहरे है और भरता नहीं
दर्द-ए-दिल में ये मन
तड़पते है, दर्द जाता नहीं

मरहम भी लगाए कैसे
मेरे कोई भी साथी नहीं
गैरों की अगर सुन भी लें
धोखा कब मिले पता नहीं

– Raj

yq_restzone

7. मौत अगर आए

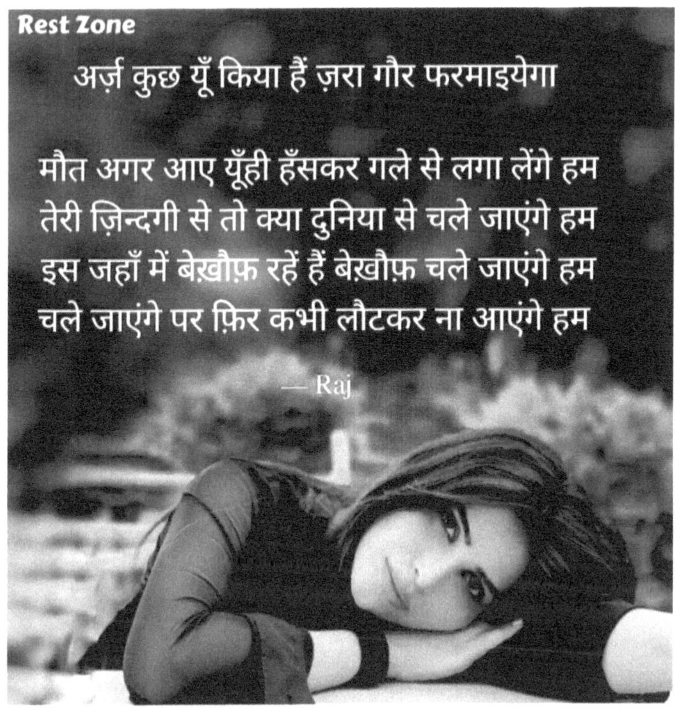

Rest Zone

अर्ज़ कुछ यूँ किया हैं ज़रा गौर फरमाइयेगा

मौत अगर आए यूँही हँसकर गले से लगा लेंगे हम
तेरी ज़िन्दगी से तो क्या दुनिया से चले जाएंगे हम
इस जहाँ में बेख़ौफ़ रहें हैं बेख़ौफ़ चले जाएंगे हम
चले जाएंगे पर फ़िर कभी लौटकर ना आएंगे हम

— Raj

8. दिल के इस कोरे पन्ने

9. छोड़कर मेरा दामन

अर्ज़ कुछ यूँ किया हैं ज़रा गौर फरमाइयेगा

यूँ छोड़कर मेरा दमन किसी और की हो गई
एक निर्धन को छोड़कर धनवान की हो गई

कितनी हँसीन है दुनिया जहाँ पैसा बोलता है
जिसका जेब खाली उसकी तकदीर रोता है

— Raj

10. ज़िन्दगी की हर एक पहलु

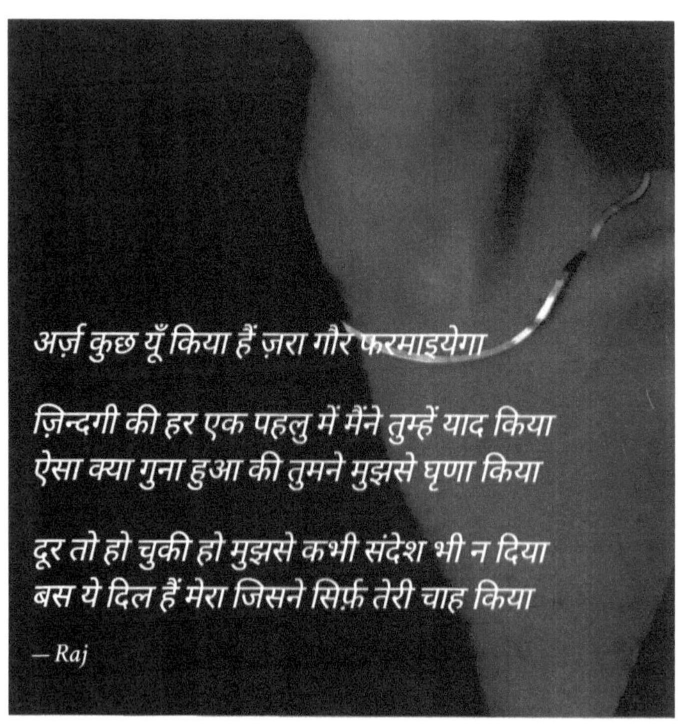

11. खेल गए कितने सारे

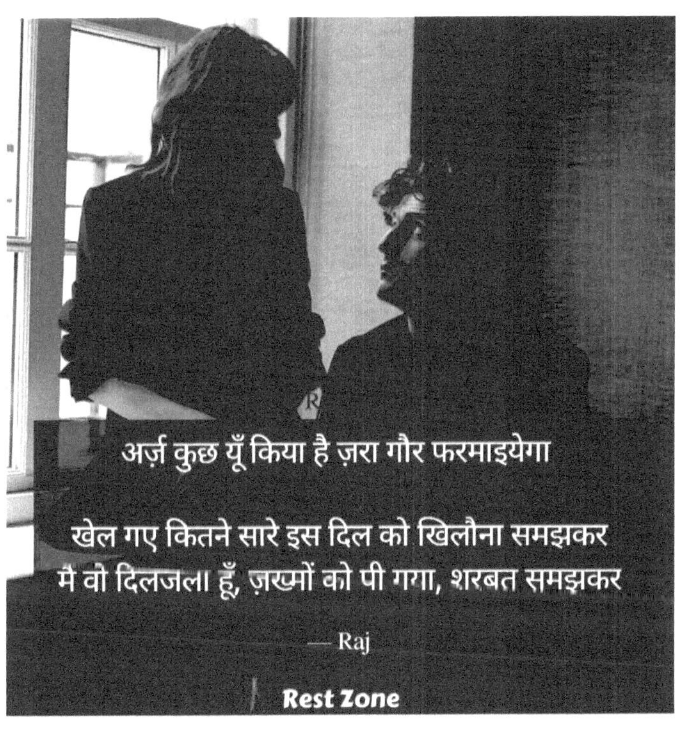

12. ज़िन्दगी का क्या भरोसा

13. निशान-ए-इश्क़

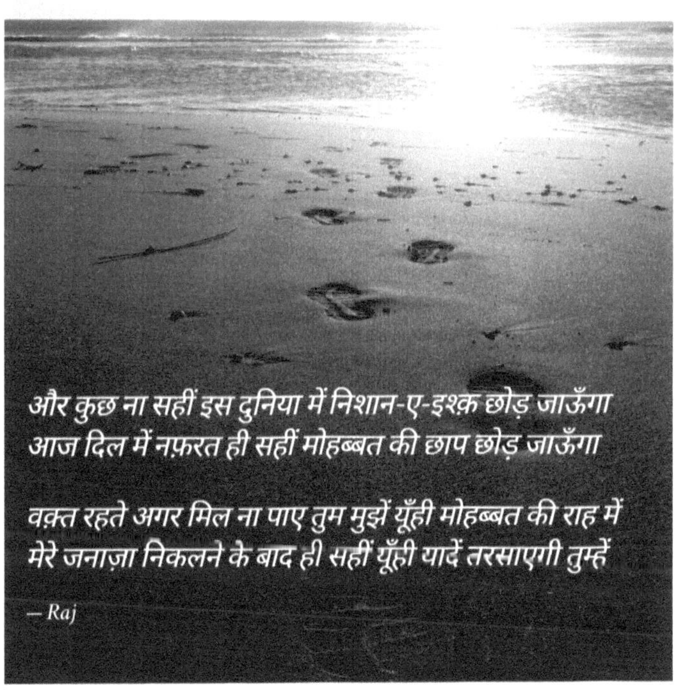

और कुछ ना सहीं इस दुनिया में निशान-ए-इश्क़ छोड़ जाऊँगा
आज दिल में नफ़रत ही सहीं मोहब्बत की छाप छोड़ जाऊँगा

वक़्त रहते अगर मिल ना पाए तुम मुझें यूँही मोहब्बत की राह में
मेरे जनाज़ा निकलने के बाद ही सहीं यूँही यादें तरसाएगी तुम्हें

— Raj

14. इंतज़ार रहेगा

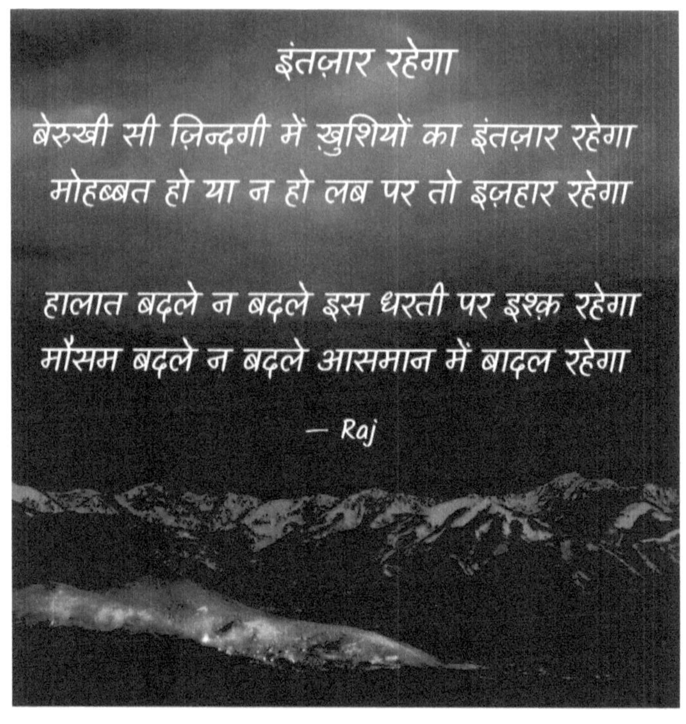

इंतज़ार रहेगा

बेरुखी सी ज़िन्दगी में ख़ुशियों का इंतज़ार रहेगा
मोहब्बत हो या न हो लब पर तो इज़हार रहेगा

हालात बदले न बदले इस धरती पर इश्क़ रहेगा
मौसम बदले न बदले आसमान में बादल रहेगा

— Raj

15. तेरे करम की बारिश में

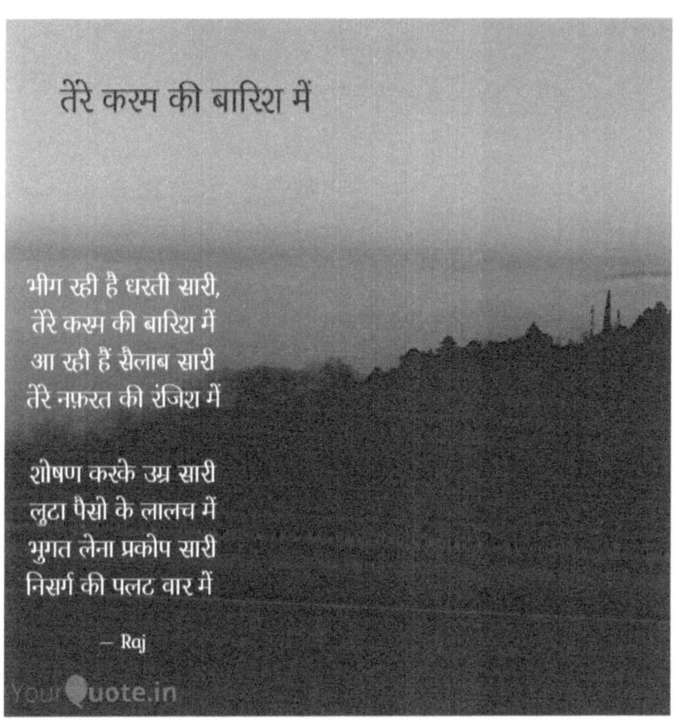

16. बिखरी हुई कविता

Rest Zone
बिखरी हुई कविता की तरह

बिखरी हुई कविता की तरह
बिखर गया हैं ज़िन्दगी मेरा
मतलब भरा दिल हैं तेरा पर
कैसे जीऊगा मैं तुम्हारे बिना

ऊँच नीच तो होता ही रहेगा
उसमे तुम क्यों होता हैं खफ़ा
धन की परवा करता हैं क्यों
वो तो हैं पल भर का मेहमान

— Raj

17. चाहतों का मज़ा

चाहतों का मज़ा

चाहतों का मज़ा कहीं हो न जाए सजा
वो ज़ख्म दिल की कैसे छुपाएगा राजा

मरहम तो अक्सर काम आएगा ये माना
पर उसे लगाएगा कौन ये किसने जाना

– Raj

YourQuote.in

18. चाँद सा चहरे पर

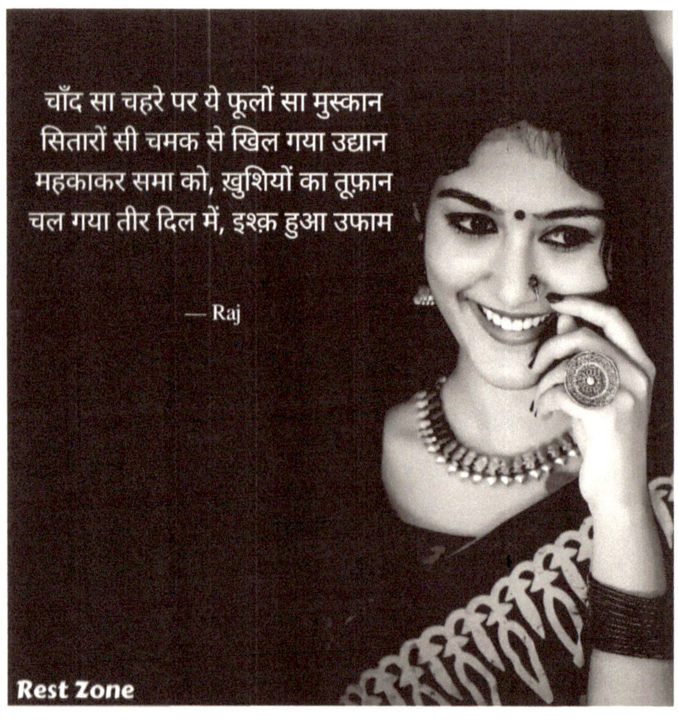

चाँद सा चहरे पर ये फूलों सा मुस्कान
सितारों सी चमक से खिल गया उद्यान
महकाकर समा को, ख़ुशियों का तूफ़ान
चल गया तीर दिल में, इश्क़ हुआ उफाम

—Raj

Rest Zone

19. शब्दों के तीर

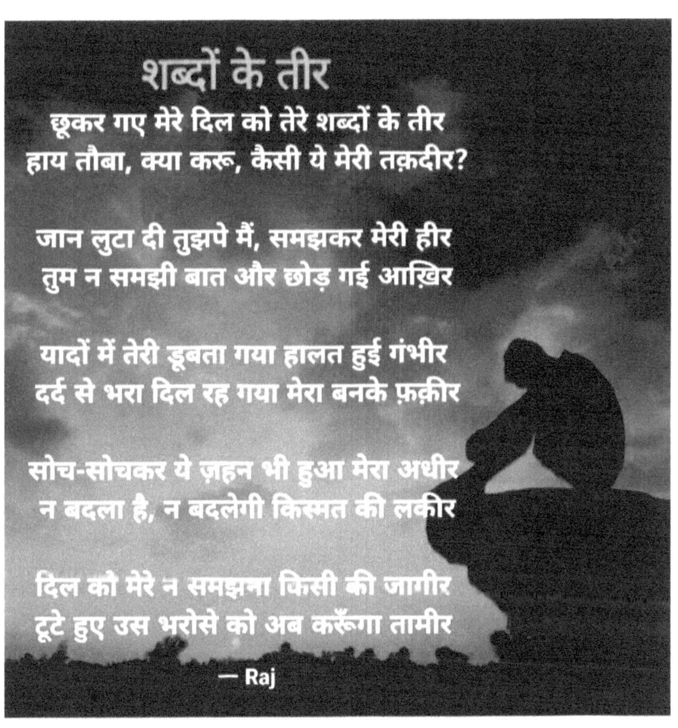

शब्दों के तीर
छूकर गए मेरे दिल को तेरे शब्दों के तीर
हाय तौबा, क्या करू, कैसी ये मेरी तक़दीर?

जान लुटा दी तुझपे मैं, समझकर मेरी हीर
तुम न समझी बात और छोड़ गई आख़िर

यादों में तेरी डूबता गया हालत हुई गंभीर
दर्द से भरा दिल रह गया मेरा बनके फ़क़ीर

सोच-सोचकर ये ज़हन भी हुआ मेरा अधीर
न बदला है, न बदलेगी किस्मत की लकीर

दिल को मेरे न समझना किसी की जागीर
टूटे हुए उस भरोसे को अब करूँगा तामीर

— Raj

20. छूकर उन सितारों को

21. दीवानगी

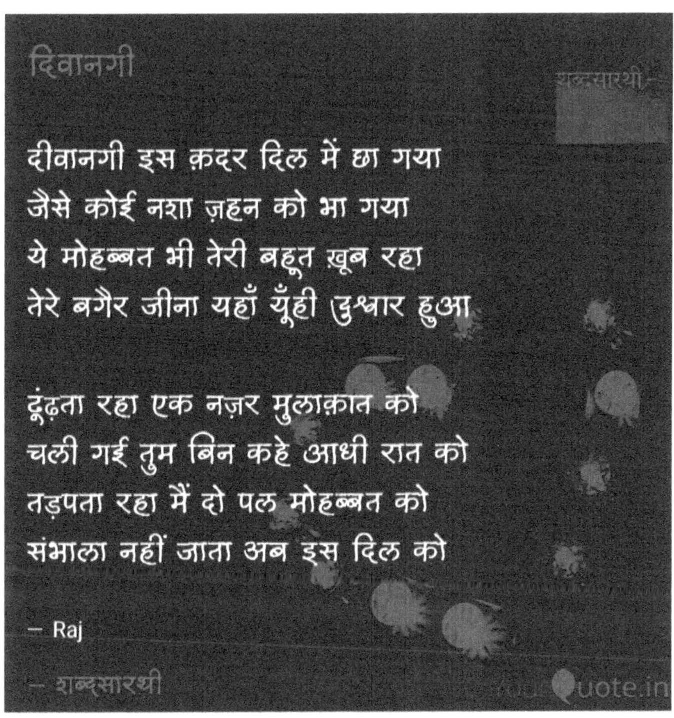

दीवानगी

दीवानगी इस क़दर दिल में छा गया
जैसे कोई नशा ज़हन को भा गया
ये मोहब्बत भी तेरी बहुत ख़ूब रहा
तेरे बगैर जीना यहाँ यूँही दुश्वार हुआ

ढूंढ़ता रहा एक नज़र मुलाक़ात को
चली गई तुम बिन कहे आधी रात को
तड़पता रहा मैं दो पल मोहब्बत को
संभाला नहीं जाता अब इस दिल को

— Raj

— शब्दसारथी

22. दिल तो अकेला मुसाफ़िर है

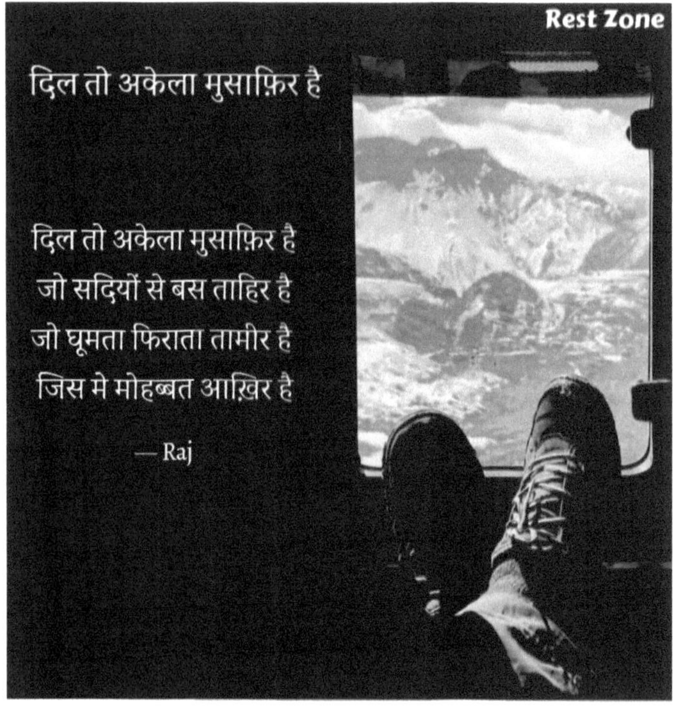

23. बेज़ुबां सा इश्क़

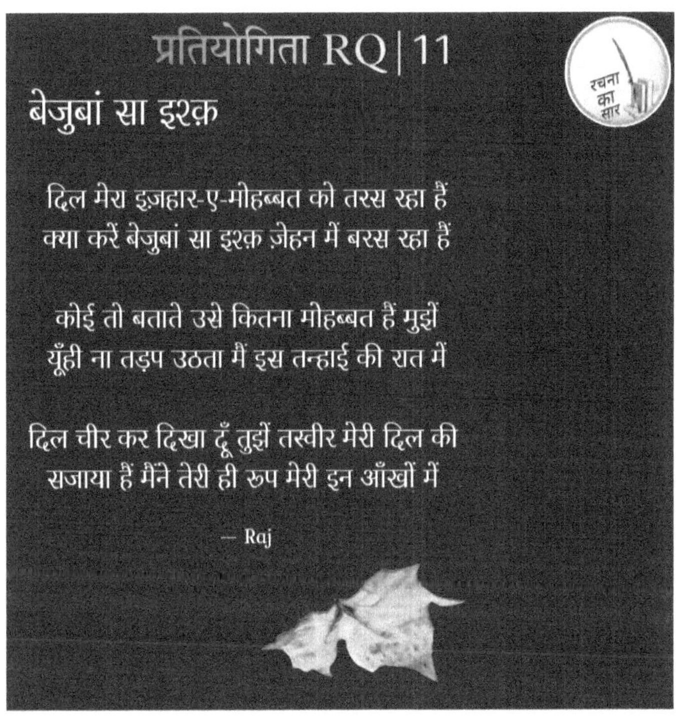

प्रतियोगिता RQ|11
बेजुबां सा इश्क़

दिल मेरा इज़हार-ए-मोहब्बत को तरस रहा हैं
क्या करें बेजुबां सा इश्क़ ज़ेहन में बरस रहा हैं

कोई तो बताते उसे कितना मोहब्बत हैं मुझें
यूँही ना तड़प उठता मैं इस तन्हाई की रात में

दिल चीर कर दिखा दूँ तुझें तस्वीर मेरी दिल की
सजाया हैं मैंने तेरी ही रूप मेरी इन आँखों में

— Raj

24. रिश्ते

रिश्ते
दिल से दिल जु...
तब बन जाता है रिश्ते
पर रिश्ते की ...मियत
यहाँ ... न जाने

...ते है ... दिल यहाँ
गलत...नी की आड़ में
रह जाता है कुछ यहाँ
बस विश्वास के नाम में

कहते हैं लोग भी यहाँ
खून पानी से गाढ़ा है
पर मैं कहूँ यारों यहाँ तो
पानी है खून से बढ़कर

— Raj

— शब्दसारथी

25. दुनिया की बातें

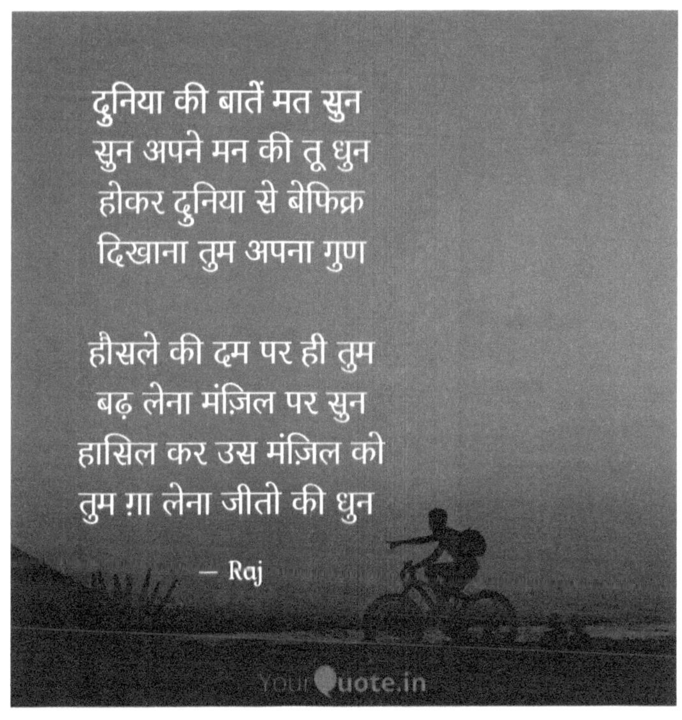

दुनिया की बातें मत सुन
सुन अपने मन की तू धुन
होकर दुनिया से बेफिक्र
दिखाना तुम अपना गुण

हौसले की दम पर ही तुम
बढ़ लेना मंज़िल पर सुन
हासिल कर उस मंज़िल को
तुम ग़ा लेना जीती की धुन

— Raj

26. दुनिया की रंग

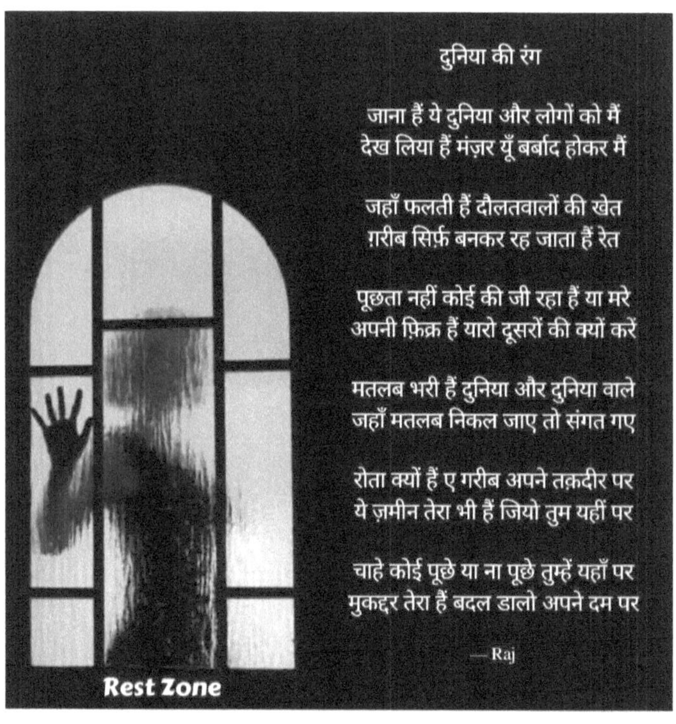

दुनिया की रंग

जाना हैं ये दुनिया और लोगों को मैं
देख लिया हैं मंज़र यूँ बर्बाद होकर मैं

जहाँ फलती हैं दौलतवालों की खेत
ग़रीब सिर्फ बनकर रह जाता हैं रेत

पूछता नहीं कोई की जी रहा हैं या मरे
अपनी फ़िक्र हैं यारो दूसरों की क्यों करें

मतलब भरी हैं दुनिया और दुनिया वाले
जहाँ मतलब निकल जाए तो संगत गए

रोता क्यों हैं ए गरीब अपने तक़दीर पर
ये ज़मीन तेरा भी हैं जियो तुम यहीं पर

चाहे कोई पूछे या ना पूछे तुम्हें यहाँ पर
मुक़द्दर तेरा हैं बदल डालो अपने दम पर

—Raj

Rest Zone

27. बोसा-ए-मोहब्बत

एक बोसा-ए-मोहब्बत मिल जाता
अगर शायद तक़दीर बदल जाता मेरी

इतना नसीब है कहाँ ग़ालिब अगर
होता तो काया पलटकर रह जाता मेरी

— Raj

28. सिंदूर

सिंदूर
(हिंदी कविता)

एक चुटकी सिंदूर की कीमत क्या जाने कोई!
नए नए युग की परछाई यहाँ जाने है हर कोई

एक होकर बिछड़ना शोभाचार बना जहाँ पर
जब देखो जहाँ भी देखो तलाक़ का है मंज़र

ये मिलकर बिछड़ना और बिछड़कर मिलना
मैंने कपडे बदलने जैसे आम नात है ये जाना

पड़ी नहीं फ़िक्र किसी को इन रिश्तों की यहाँ
दर्द होता है दिल को मेरे जब देखूँ वो नज़ारा

जब ठीकता था कितना सुन्दर था वो ज़माना
रीवाज़ों का जब होता था हर किसी का पालना

— Raj

— शब्दसारथी

29. एक फूल प्रेम का

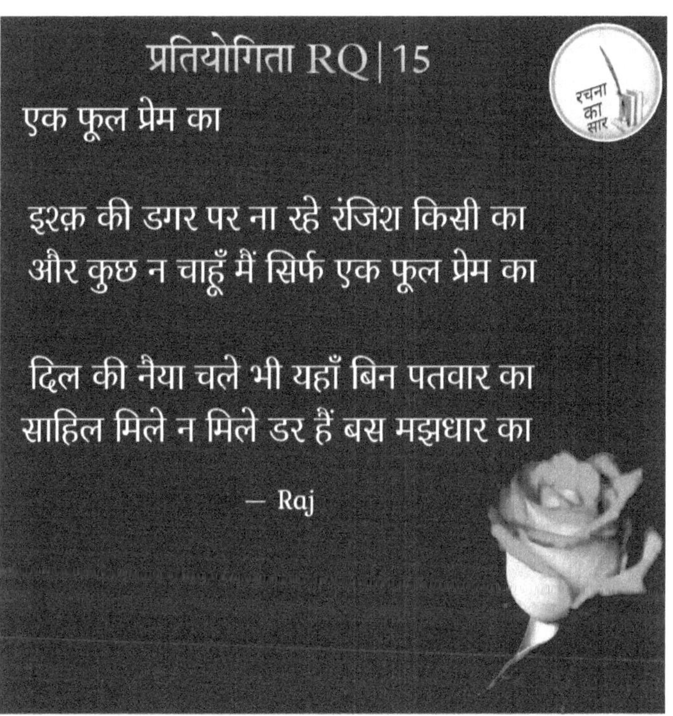

प्रतियोगिता RQ|15
एक फूल प्रेम का

इश्क़ की डगर पर ना रहे रंजिश किसी का
और कुछ न चाहूँ मैं सिर्फ एक फूल प्रेम का

दिल की नैया चले भी यहाँ बिन पतवार का
साहिल मिले न मिले डर हैं बस मझधार का

— Raj

रचना का सार

30. मदहोशी का आलम

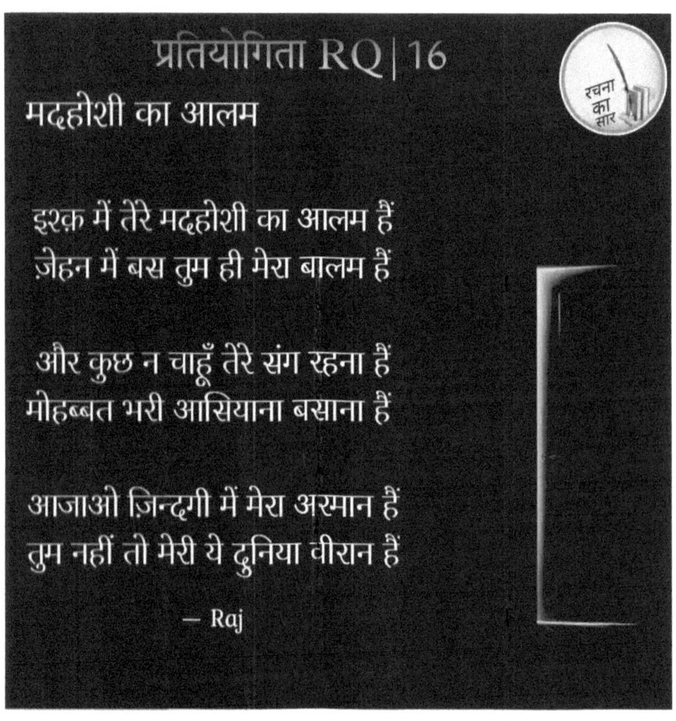

प्रतियोगिता RQ | 16
मदहोशी का आलम

इश्क़ में तेरे मदहोशी का आलम हैं
ज़ेहन में बस तुम ही मेरा बालम हैं

और कुछ न चाहूँ तेरे संग रहना हैं
मोहब्बत भरी आसियाना बसाना हैं

आजाओ ज़िन्दगी में मेरा अस्मान हैं
तुम नहीं तो मेरी ये दुनिया वीरान हैं

— Raj
रचना का सार

31. हौसला

हौसला
शब्दसारथी
जिंदगी की रास्ते होता है कुछ टेढ़े मेढे
कहीं पर हैं काँटे तो कहीं पथ पथरीले

हौसला बुलंद न हो तो चलना बेकार है
मज़िल गर पाना हैं तो हिम्मत जरुरी हैं

अपना हौसला बुलंद कर बढ़ते जाना है
हर मक्काम पर जीतना सिर्फ तुम्हें हैं

— Raj

— शब्दसारथी
YourQuote.in

32. जिस दिन तुम मुझे

जिस दिन तुम मुझे समझ जाओगे
उस दिन शायद मैं दुनिया में न रहे
अक्सर हो ही जाता है कुछ ऐसा
वक़्त के रहते नहीं संभल पाओगे

— Raj

33. अलग-थलग

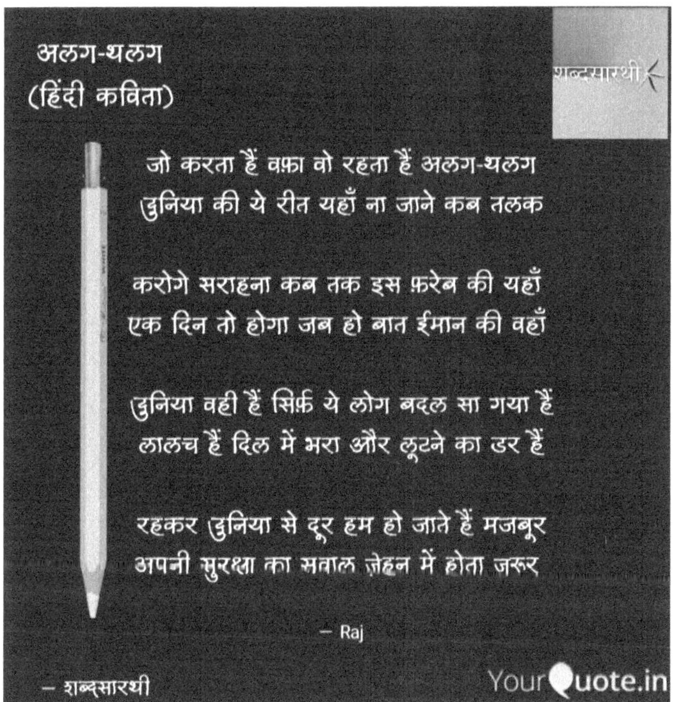

अलग-थलग
(हिंदी कविता)

जो करता हैं वफ़ा वो रहता हैं अलग-थलग
दुनिया की ये रीत यहाँ ना जाने कब तलक

करोगे सराहना कब तक इस फ़रेब की यहाँ
एक दिन तो होगा जब हो बात ईमान की वहाँ

दुनिया वही हैं सिर्फ़ ये लोग बदल सा गया हैं
लालच हैं दिल में भरा और लूटने का डर हैं

रहकर दुनिया से दूर हम हो जाते हैं मजबूर
अपनी सुरक्षा का सवाल ज़ेहन में होता जरूर

— Raj

— शब्दसारथी
YourQuote.in

34. काश मोहब्बत न होता

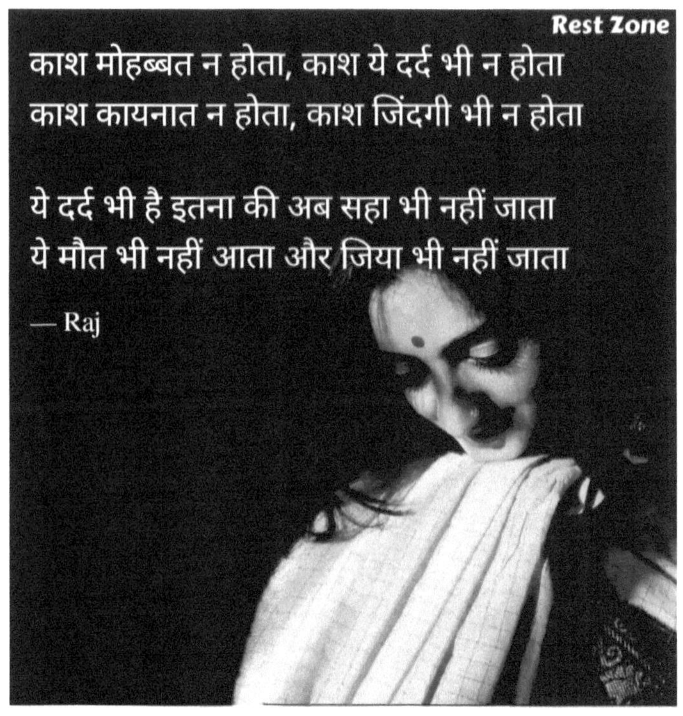

35. कभी अगर मैं रूठ जाऊ

36. अंधेरों से डर नहीं लगता

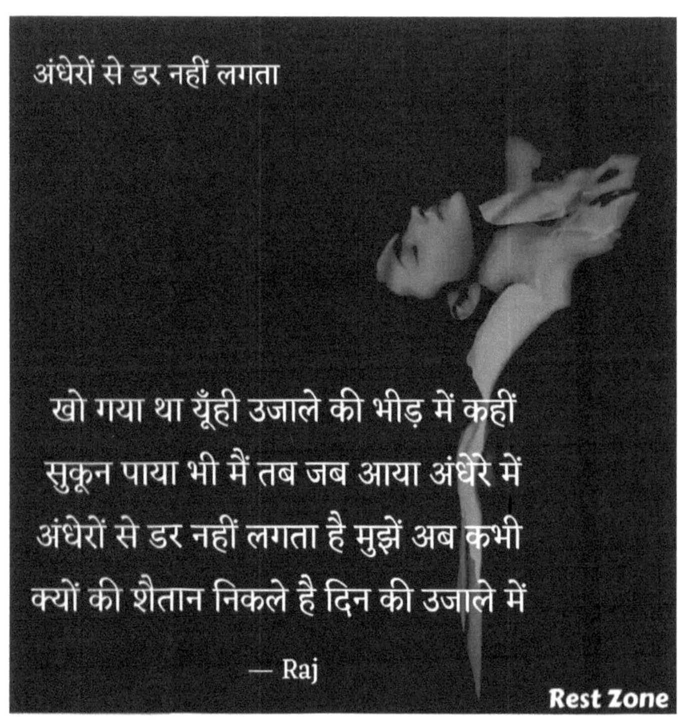

37. दर्दे दिल

दर्दे दिल

किसी की नज़र जब मुझपर पड़ी
मोहब्बत में दर्दे दिल जगा कर गई

कितना सीदा सादा सा ज़िन्दगी था
आशिक बनाके दिल घायल कर गई

— Raj

38. कल तक जो अपना

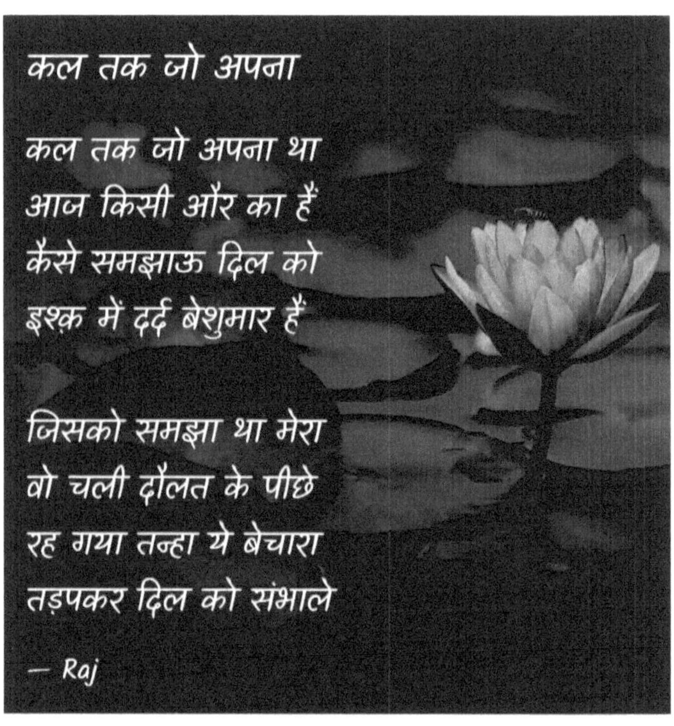

कल तक जो अपना

कल तक जो अपना था
आज किसी और का हैं
कैसे समझाऊ दिल को
इश्क़ में दर्द बेशुमार हैं

जिसको समझा था मेरा
वो चली दौलत के पीछे
रह गया तन्हा ये बेचारा
तड़पकर दिल को संभाले

— Raj

39. कसूर

कसूर

कोई भाया न भाया इस दिल का क्या कसूर
मोहब्बत में हुआ बदनाम दर्द भी हुआ ज़रूर

करता रहा मोहब्बत सब को इन्सान समझकर
खिलवाड़ कर गया मुझसे कितना उनका ग़ुरूर?

जान भी लुटा दिया मैंने इश्क़ के ही नाम पर
हो गया था दिवाना, छाया था ज़ेहन में सुरूर

जब उतर गया नशा जग़ को पहचान लिया मैंने
अब न बचा है कोई विकार और न कोई सुरूर

— Raj

— शब्दसारथी

40. बे-ख़ौफ़ इश्क़

बे-ख़ौफ़ इश्क़

करता चला यहाँ मोहब्बत पर पाया सिर्फ़ अश्क़
फिर भी यारों यहाँ निभाता गया मैं बे-ख़ौफ़ इश्क़

इस बेदर्द ज़माने ने तो किया यहाँ लाखों सितम
फिर भी डरा नहीं और करता गया बे-ख़ौफ़ इश्क़

ज़ुल्म-ओ सितम से तपता गया सारा आलम यहाँ
फिर भी बढ़ता गया यहाँ पर करके बे-ख़ौफ़ इश्क़

अब मंज़िल मिले न मिले राह में जीना तो है यहाँ
हारना तो सिखा ही नहीं करता रहा बे-ख़ौफ़ इश्क़

— Raj

41. कुछ देर की शायरी

Shayar1221
कुछ देर की शायरी नहीं ज़िन्दगी भर की कहानी हो तुम
इस दिल-ओ-जहन में बसी एक ख़ूबसूरत सी मूरत हो तुम

बीता लेंगे ज़िन्दगी हर रात-ओ-दिन तेरी ही दीदार से हम
और क्या चाहिए हमें जब पा ली हैं जन्नत सा ज़िन्दगी हम

— Raj

42. ये उदासी का मंज़र

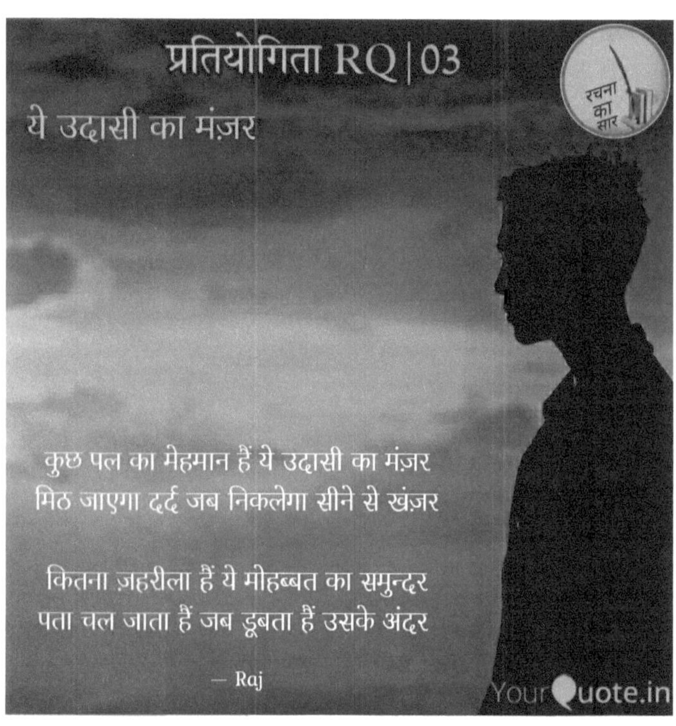

प्रतियोगिता RQ | 03
ये उदासी का मंज़र
रचना का सार
कुछ पल का मेहमान हैं ये उदासी का मंज़र
मिठ जाएगा दर्द जब निकलेगा सीने से खंज़र

कितना ज़हरीला हैं ये मोहब्बत का समुन्दर
पता चल जाता हैं जब डूबता हैं उसके अंदर

— Raj
YourQuote.in

43. सवालों के जवाब

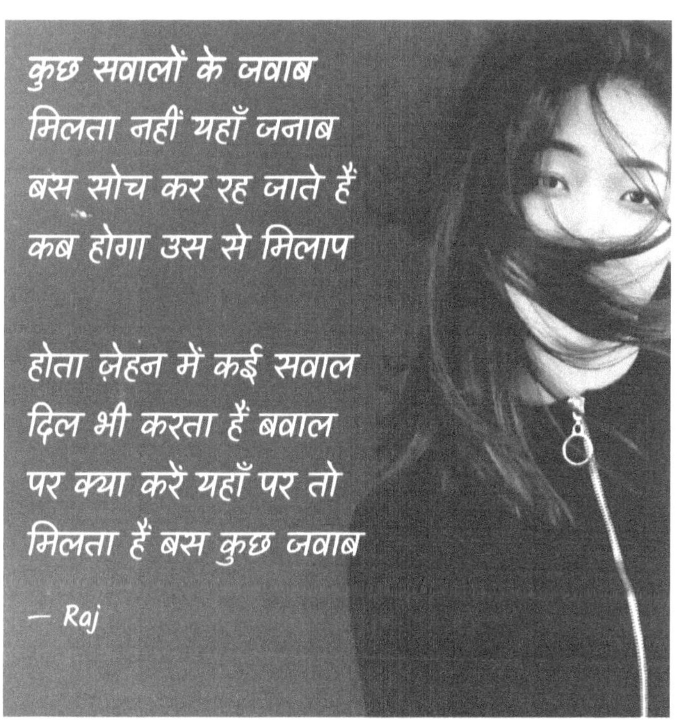

कुछ सवालों के जवाब
मिलता नहीं यहाँ जनाब
बस सोच कर रह जाते हैं
कब होगा उस से मिलाप

होता ज़ेहन में कई सवाल
दिल भी करता हैं बवाल
पर क्या करें यहाँ पर तो
मिलता हैं बस कुछ जवाब

— Raj

44. कुदरत का कहर

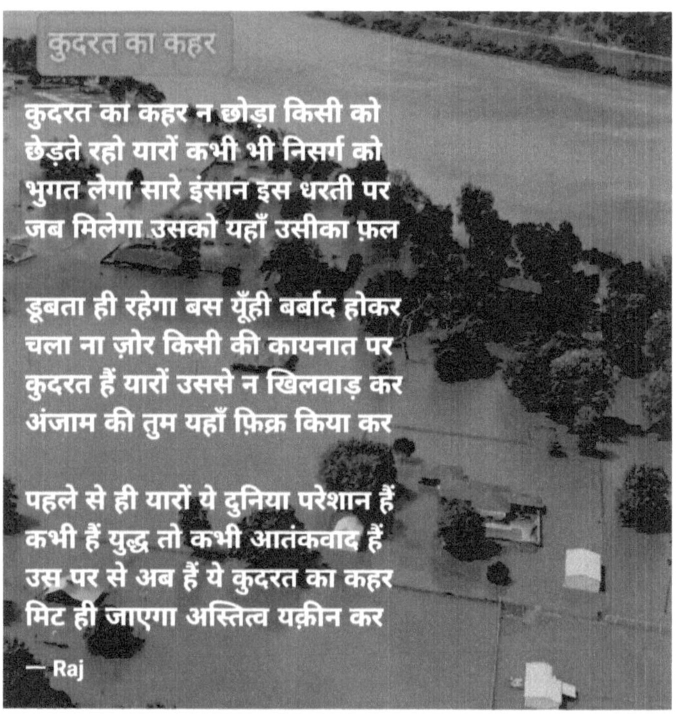

कुदरत का कहर

कुदरत का कहर न छोड़ा किसी को
छेड़ते रहो यारों कभी भी निसर्ग को
भुगत लेगा सारे इंसान इस धरती पर
जब मिलेगा उसको यहाँ उसीका फल

डूबता ही रहेगा बस यूँही बर्बाद होकर
चला ना ज़ोर किसी की कायनात पर
कुदरत हैं यारों उससे न खिलवाड़ कर
अंजाम की तुम यहाँ फ़िक्र किया कर

पहले से ही यारों ये दुनिया परेशान हैं
कभी हैं युद्ध तो कभी आतंकवाद हैं
उस पर से अब हैं ये कुदरत का कहर
मिट ही जाएगा अस्तित्व यक़ीन कर

— Raj

45. रात से लड़ाई

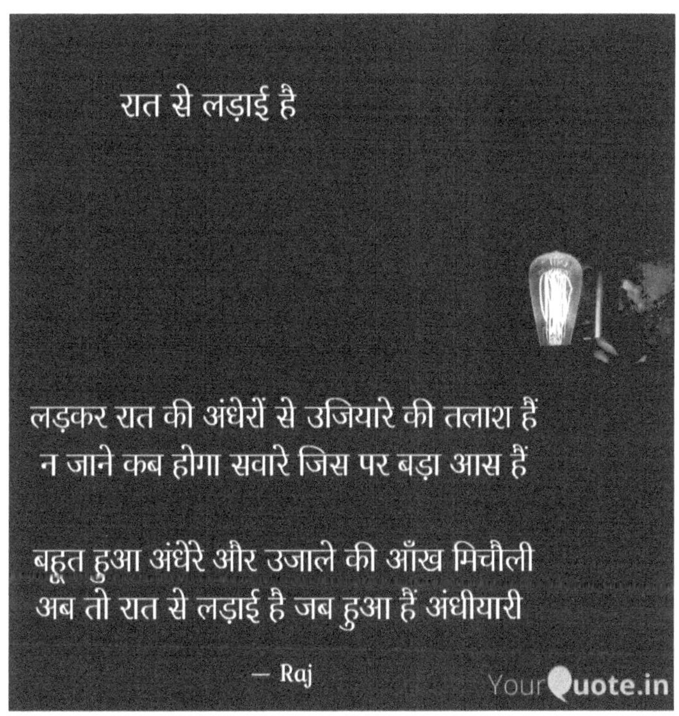

रात से लड़ाई है

लड़कर रात की अंधेरों से उजियारे की तलाश हैं
न जाने कब होगा सवारे जिस पर बड़ा आस हैं

बहुत हुआ अंधेरे और उजाले की आँख मिचौली
अब तो रात से लड़ाई है जब हुआ हैं अंधीयारी

— Raj

46. माना की नाकाम हूँ मैं

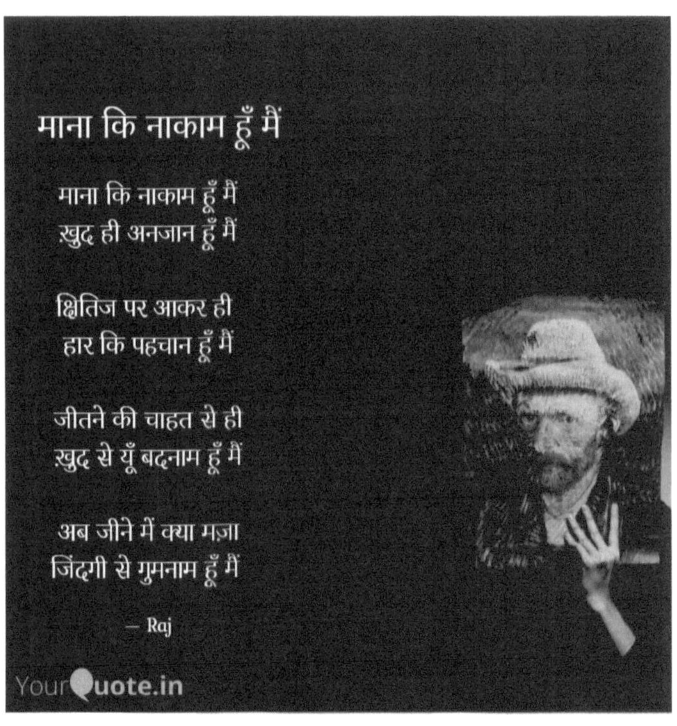

माना कि नाकाम हूँ मैं

माना कि नाकाम हूँ मैं
ख़ुद ही अनजान हूँ मैं

क्षितिज पर आकर ही
हार कि पहचान हूँ मैं

जीतने की चाहत से ही
ख़ुद से यूँ बदनाम हूँ मैं

अब जीने में क्या मज़ा
जिंदगी से गुमनाम हूँ मैं

— Raj

YourQuote.in

47. मैं ही गुनहगार हूँ

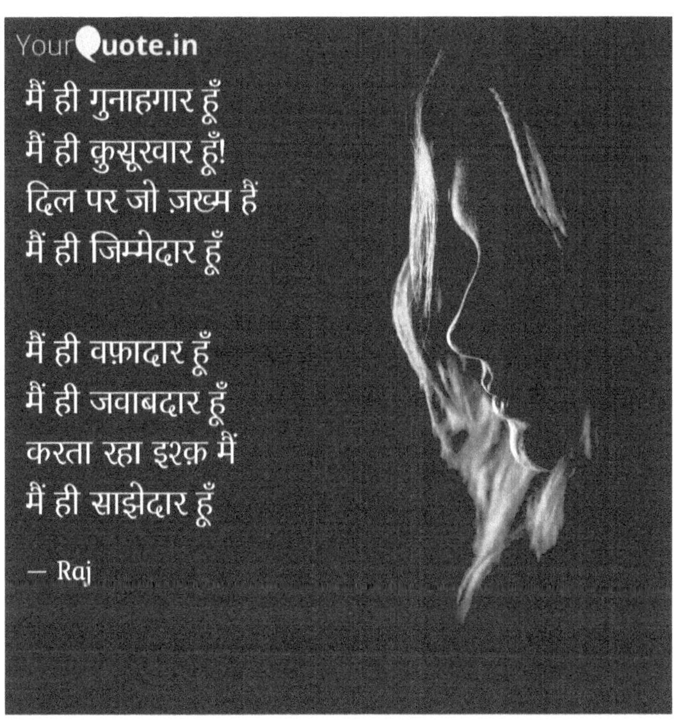
YourQuote.in
मैं ही गुनाहगार हूँ
मैं ही कुसूरखार हूँ!
दिल पर जो ज़ख्म हैं
मैं ही जिम्मेदार हूँ

मैं ही वफ़ादार हूँ
मैं ही जवाबदार हूँ
करता रहा इश्क़ मैं
मैं ही साझेदार हूँ

— Raj

48. बेपनाह प्यार तुमसे

49. था कोई अपना

था कोई अपना

मेरा भी था कोई अपना
जो दिखाती थी मुझें सपना
जब हक़ीक़त से हुआ सामना
टूट कर बिकर गया आईना

दिल को देकर गई वो दर्द सारा
अब कैसे धड़केगा ये दोबारा
छुट गया जब से साथ उसका
बेजान सा हो गया दिल हमारा

मेरा भी था कोई अपना
जो दिखाती थी मुझें सपना.....

तक़दीर ही हैं कुछ ऐसा मेरा
कोई दोष न हैं इसमें किसी का
जब भी याद करूँ वो फ़साना
दिल रो पड़ता हैं तन्हाई में मेरा

मेरा भी था कोई अपना
जो दिखाती थी मुझें सपना.....

— Raj
— शब्दसारथी

50. सफ़र तन्हा

सफ़र तन्हा
मेरी ये ज़िंदगी यूँ हुई बसर तन्हा
क़ाफ़िला साथ और सफ़र तन्हा

न कोई हमसफ़र, न कोई साथी यहाँ
बस है मोहब्बत और जीवन तन्हा

मिली न मंज़िल चाहकर भी मुझे
चलता चला गया और रास्ता तन्हा

उम्मीद से भरा हुआ जीवन था मेरा
ख़्वाब था मीठा पर ये रात है तन्हा

किनारे पर बैठकर राह देखता रहा
पाना था कुछ पर मंज़िल है तन्हा

—Raj

51. महफ़िल-ए-जहाँ

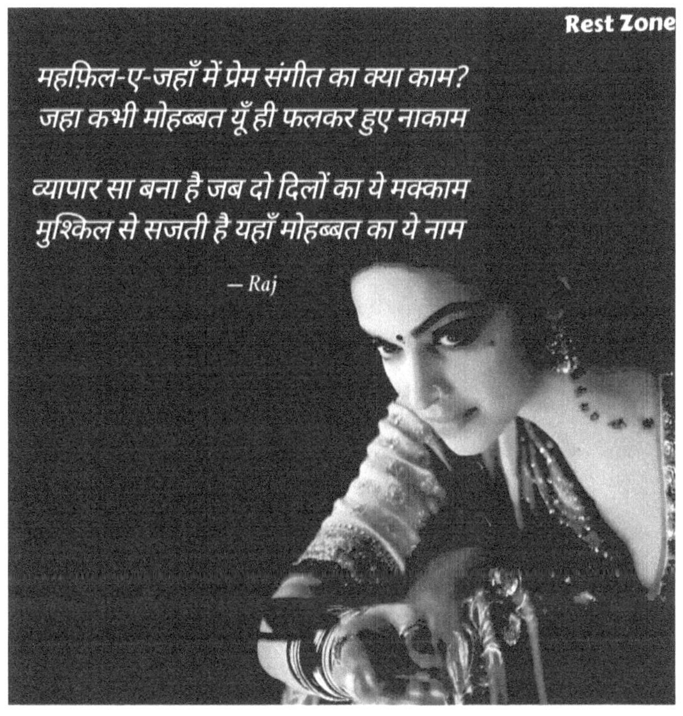
Rest Zone
महफ़िल-ए-जहाँ में प्रेम संगीत का क्या काम?
जहा कभी मोहब्बत यूँ ही फलकर हुए नाकाम

व्यापार सा बना है जब दो दिलों का ये मक्काम
मुश्किल से सजती है यहाँ मोहब्बत का ये नाम

— Raj

52. महफ़िल में अक्सर

53. किस्मत में जो लिखा है

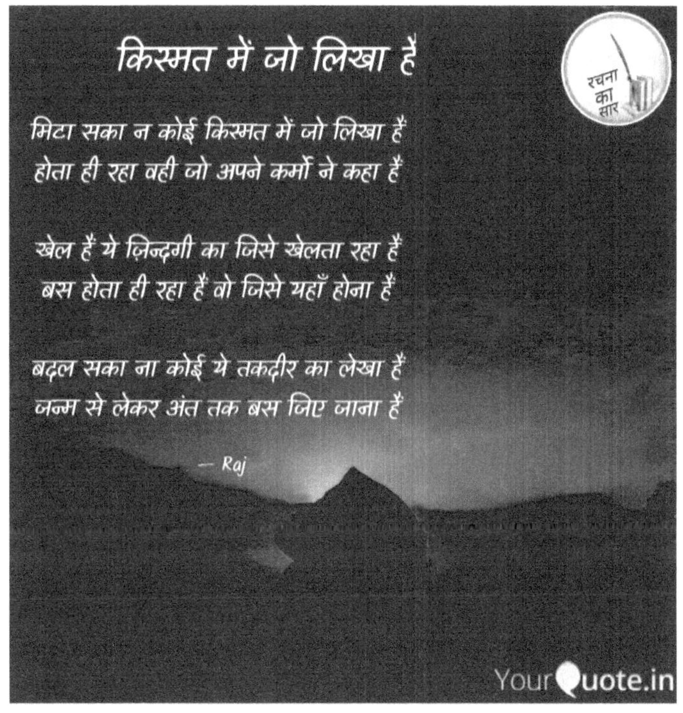

54. मन में रची कविताएं

• 54 •

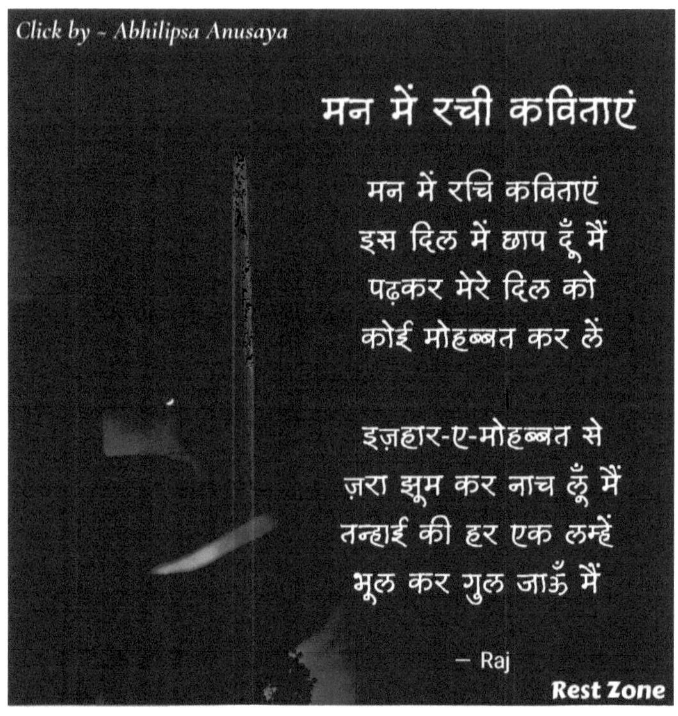

55. हर कदम पर

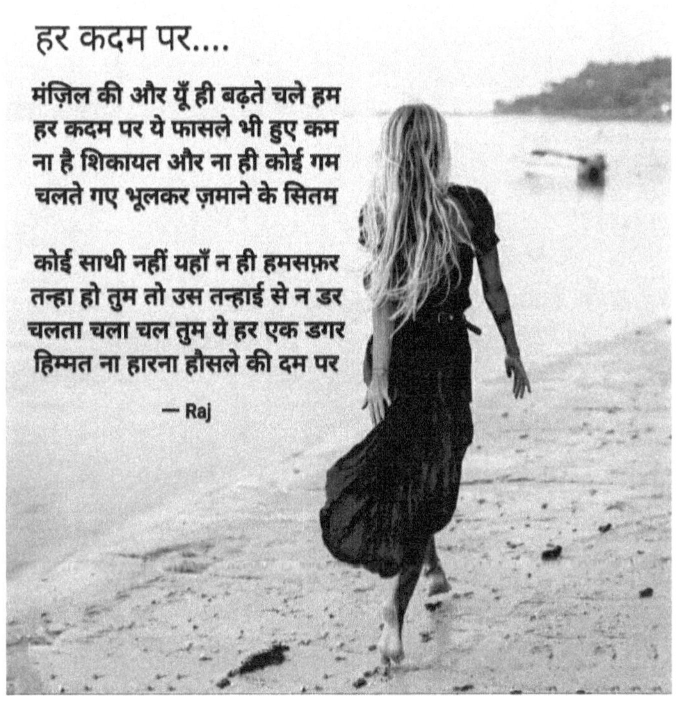

हर कदम पर....

मंज़िल की और यूँ ही बढ़ते चले हम
हर कदम पर ये फासले भी हुए कम
ना है शिकायत और ना ही कोई गम
चलते गए भूलकर ज़माने के सितम

कोई साथी नहीं यहाँ न ही हमसफ़र
तन्हा हो तुम तो उस तन्हाई से न डर
चलता चला चल तुम ये हर एक डगर
हिम्मत ना हारना हौसले की दम पर

— Raj

56. ख़िलते हैं गुलाब से

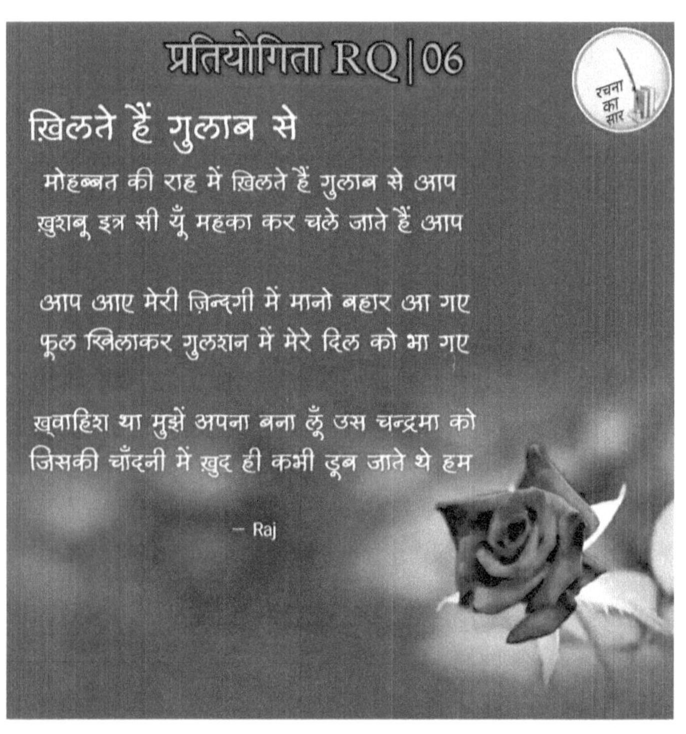

प्रतियोगिता RQ|06
ख़िलते हैं गुलाब से
मोहब्बत की राह में ख़िलते हैं गुलाब से आप
ख़ुशबू इत्र सी यूँ महका कर चले जाते हैं आप

आप आए मेरी ज़िन्दगी में मानो बहार आ गए
फूल ख़िलाकर गुलशन में मेरे दिल को भा गए

ख़्वाहिश या मुझे अपना बना लूँ उस चन्द्रमा को
जिसकी चाँदनी में ख़ुद ही कभी डूब जाते थे हम

– Raj

57. तेरा इंतज़ार है

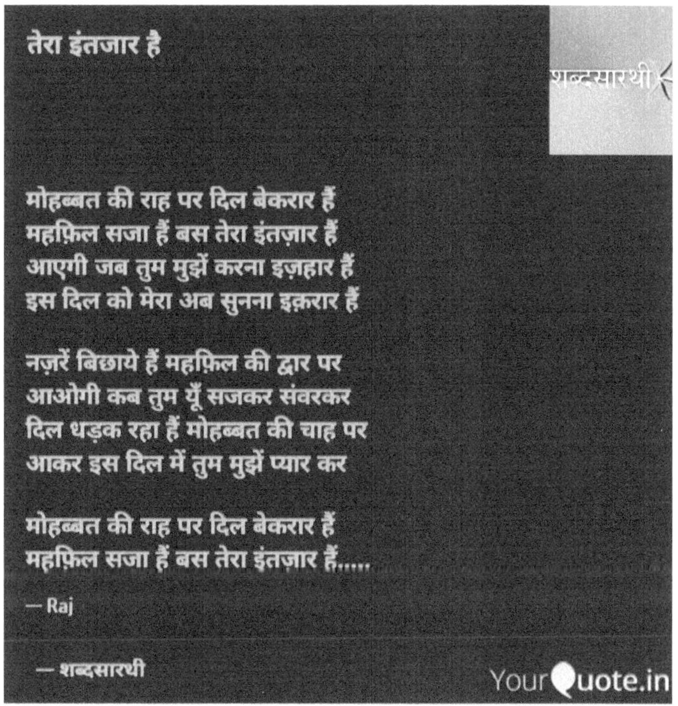

तेरा इंतजार है

मोहब्बत की राह पर दिल बेकरार हैं
महफ़िल सजा हैं बस तेरा इंतज़ार हैं
आएगी जब तुम मुझें करना इज़हार हैं
इस दिल को मेरा अब सुनना इक़रार हैं

नज़रें बिछाये हैं महफ़िल की द्वार पर
आओगी कब तुम यूँ सजकर संवरकर
दिल धड़क रहा हैं मोहब्बत की चाह पर
आकर इस दिल में तुम मुझें प्यार कर

मोहब्बत की राह पर दिल बेकरार हैं
महफ़िल सजा हैं बस तेरा इंतज़ार हैं.....

— Raj

— शब्दसारथी

YourQuote.in

58. मेहफिल

मेहफिल

मोहब्बत करके किया वो काम
तेरी मेहफिल में हुआ मैं बदनाम
चाहत का ये आलम न पूछो यार
जनाज़े से ही निकलेगा मेरा ये दम

करके मोहब्बत बहुत पछताया मैं
नहीं जो करना था वो कर डाला मैं
दर्द के सिवा और कुछ भी न मिला
यूँ छोड़ कर चल दिए वो दामन मेरे

कहते हैं लोग सुकून हैं मोहब्बत में
मैंने न जाना यहाँ दर्द भी बहुत हैं
पाने चला था एक मीठा एहसास
मिल गया मुझे बस दर्द भरा साँस

— Raj

59. मोक्ष पाने की चाह

मोक्ष पाने की चाह है तो

मोक्ष पाने की चाह है तो
सच की राह पर चलता चल
धर्म को हर पल निभाता चल
कर्म को अपने करता चल

किस्मत को अपनाता चल
सुख को हर पल बाटता चल
दुःख में सदैव मुस्कुराता चल
इश्क को दुनिया में फैलता चल

— Raj

60. अधूरी कहानी

अधूरी कहानी

मुकम्मल जहाँ में सब कुछ मुकम्मल नहीं होता
दास्तान-ए-मोहब्बत कभी दर्द बेशुमार दें जाता
टूट जाता है अक्सर देखा हुआ ख़्वाब भी यहाँ
कुछ पुरे होते तो कुछ अधूरी कहानी कहलाता

कहा भी नहीं जाता कभी अधूरी कहानी यहाँ
बस लम्हों की जंजीरों में बंदकर ही रह जाता
याद आए कभी ये तो आँसू बहाकर ही जाता
नासूर बनकर दिल का ग़म उजागर कर जाता

— Raj

शब्दसारथी

— शब्दसारथी

61. मुरझाए हुए फूल

मुरझाए हुए फूल की तरह

मुरझाए हुए फूल की तरह
मुरझा गया है ये इश्क़ मेरा
सूखे हुए इन पत्तों की तरह
बिकर गया है जिंदगी मेरा

बिन बदल बरसात की तरह
बरस गया है मोहब्बत मेरा
बिना पानी प्यासे की तरह
तड़पता रह गया दिल मेरा

— Raj

Rest Zone

62. मिट्टी का इंसान

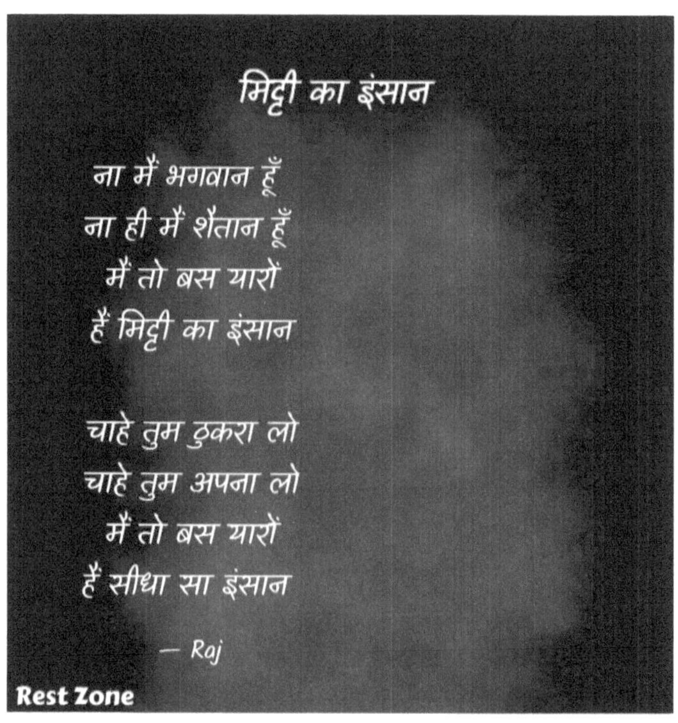

मिट्टी का इंसान

ना मैं भगवान हूँ
ना ही मैं शैतान हूँ
मैं तो बस यारों
हैं मिट्टी का इंसान

चाहे तुम ठुकरा लो
चाहे तुम अपना लो
मैं तो बस यारों
हैं सीधा सा इंसान

— Raj

Rest Zone

63. ना मैं कुछ कहूँ

ना मैं कुछ हूँ, ना तुम कुछ हो,
ना ये कायनात कुछ हैं, ना ब्रह्माण्ड कुछ हैं
अगर कुछ हैं तो फिर कुछ हैं
और अगर ना हैं तो कुछ भी नहीं हैं
फिर जो कुछ भी हैं, बस वहीं सबकुछ हैं
— Raj

64. अपनी परछाईं से मिलना

65. निसर्ग और इन्सान

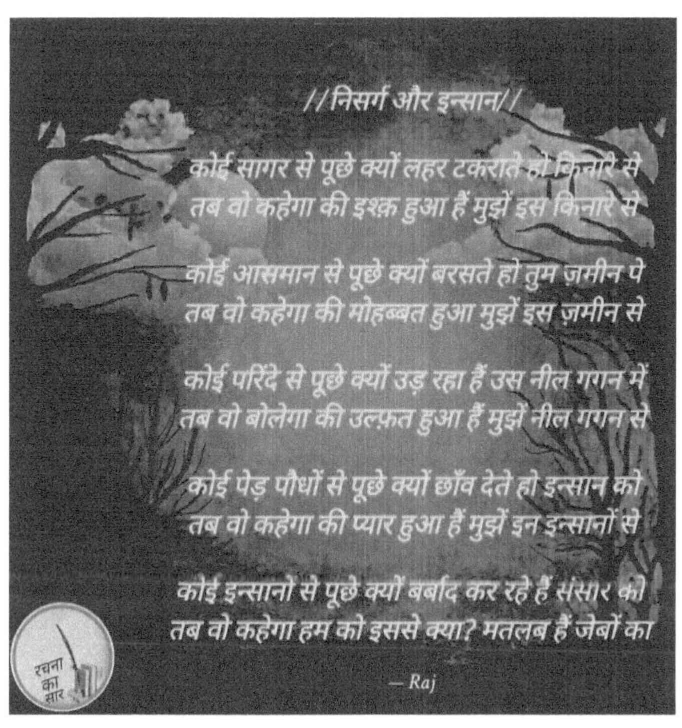

66. अदालत

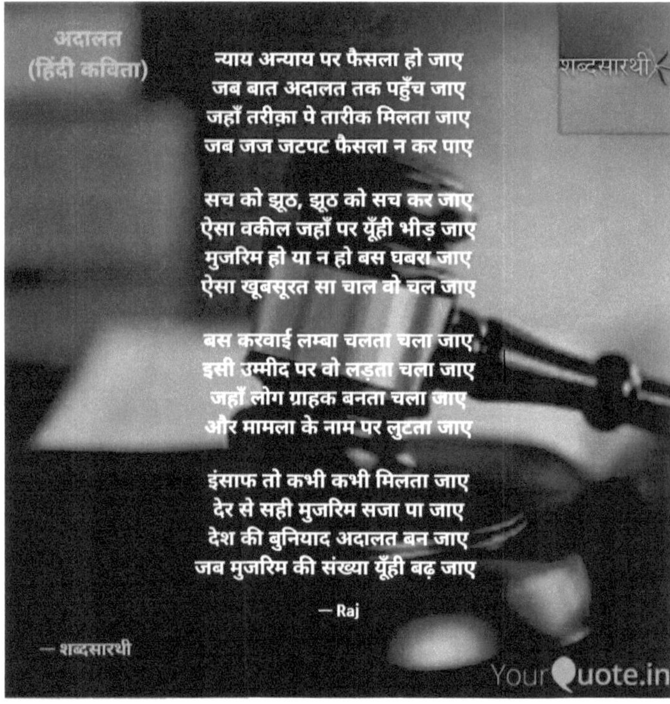

अदालत
(हिंदी कविता)

न्याय अन्याय पर फैसला हो जाए
जब बात अदालत तक पहुँच जाए
जहाँ तरीक़ा पे तारीक मिलता जाए
जब जज जटपट फैसला न कर पाए

सच को झूठ, झूठ को सच कर जाए
ऐसा वकील जहाँ पर यूँही भीड़ जाए
मुजरिम हो या न हो बस घबरा जाए
ऐसा खूबसूरत सा चाल वो चल जाए

बस करवाई लम्बा चलता चला जाए
इसी उम्मीद पर वो लड़ता चला जाए
जहाँ लोग ग्राहक बनता चला जाए
और मामला के नाम पर लुटता जाए

इंसाफ तो कभी कभी मिलता जाए
देर से सही मुजरिम सजा पा जाए
देश की बुनियाद अदालत बन जाए
जब मुजरिम की संख्या यूँही बढ़ जाए

— Raj

— शब्दसारथी

67. फूलों की तरह

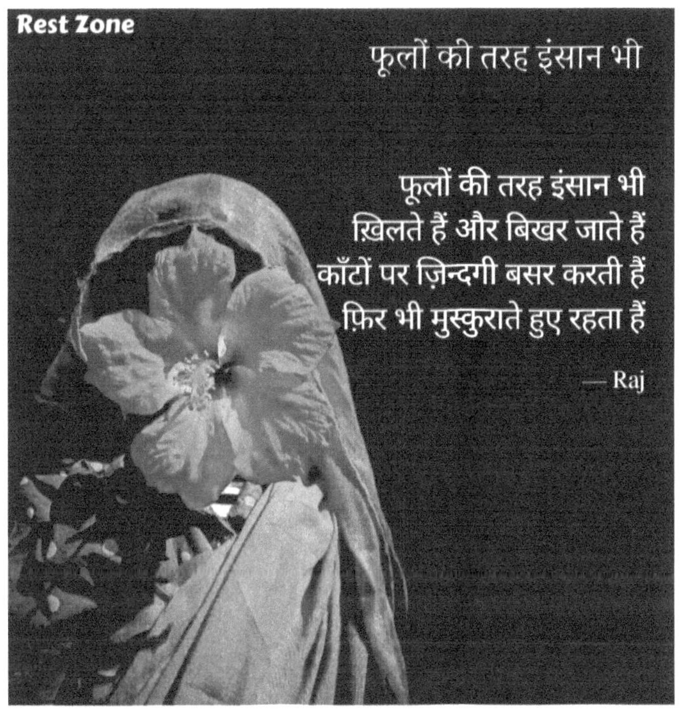

Rest Zone
फूलों की तरह इंसान भी

फूलों की तरह इंसान भी
खिलते हैं और बिखर जाते हैं
काँटों पर ज़िन्दगी बसर करती हैं
फ़िर भी मुस्कुराते हुए रहता हैं

— Raj

68. जुल्फ़ों के साए में

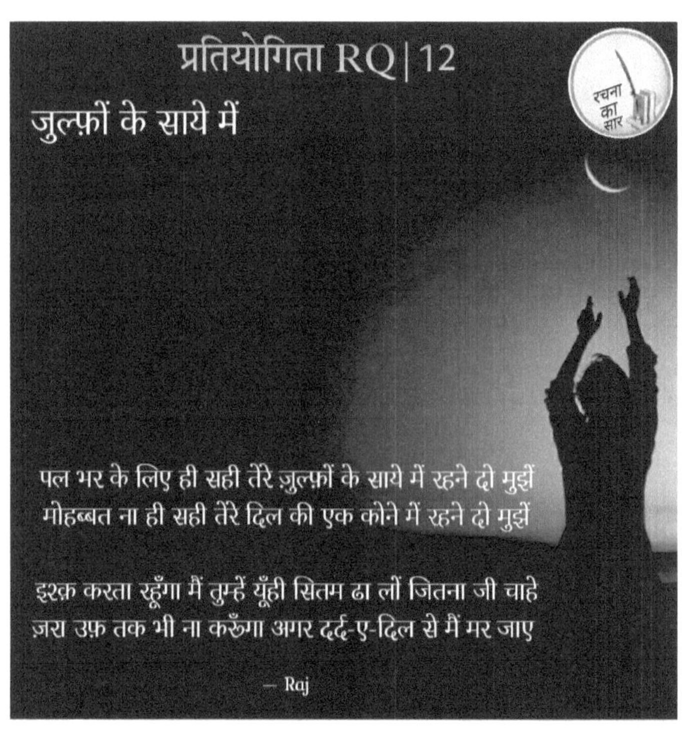

प्रतियोगिता RQ|12
जुल्फ़ों के साये में
पल भर के लिए ही सही तेरे ज़ुल्फ़ों के साये में रहने दो मुझें
मोहब्बत ना ही सही तेरे दिल की एक कोने में रहने दो मुझें

इश्क़ करता रहूँगा मैं तुम्हें यूँही सितम ढा लों जितना जी चाहे
जरा उफ़ तक भी ना करूँगा अगर दर्द-ए-दिल से मैं मर जाए

— Raj

69. प्रेम की माला

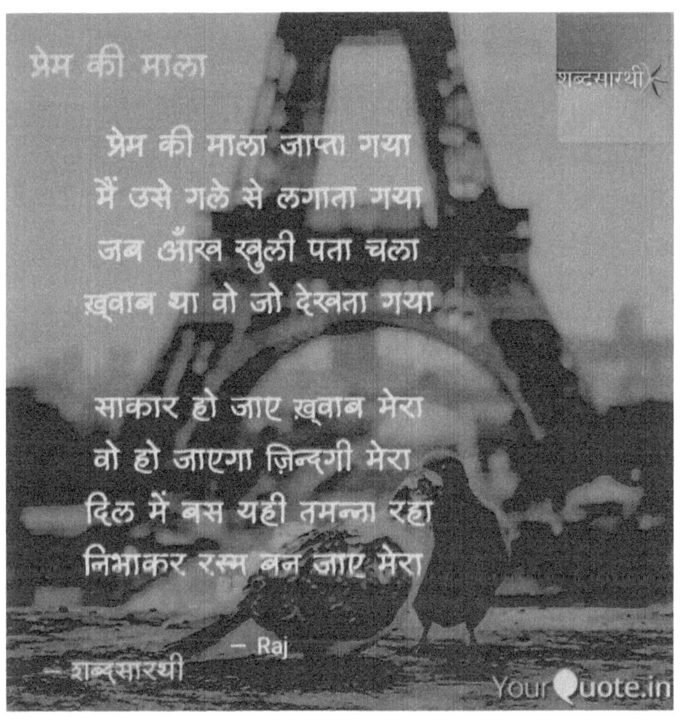

प्रेम की माला
प्रेम की माला जपता गया
मैं उसे गले से लगाता गया
जब आँख खुली पता चला
ख़्वाब था वो जो देखता गया

साकार हो जाए ख़्वाब मेरा
वो हो जाएगा ज़िन्दगी मेरा
दिल में बस यही तमन्ना रहा
निभाकर रस्म बन जाए मेरा
— Raj
— शब्दसारथी

70. तुम ना मिले होते

अगर तुम ना मिले होते
पता ना चलता दिल की फ़रेब
अगर तुम ना करीब होते
जाना ना होता मोहब्बत में एब

अगर तुम ना दिल तोड़े होते
पता ना चलता दिल का दर्द
अगर तुम ना मुँह मोड़े होते
जाना ना होता एकांत में गर्द

— Raj

71. प्यार चाहिए था

प्यार चाहिए था, यादें नहीं

प्यार चाहिए था, यादें नहीं
साथ चाहिए था, दूरियाँ नहीं
भीड़ चाहिए था, तन्हाई नहीं
खुशी चाहिए था, रुसवाई नहीं

अब छोड़ो वक़्त वक़्त की बात है
तकदीर भी यहाँ किसका साथ है
जो होना है वो तो होकर ही रहेगा
कभी ख़ुशी, कभी ग़म की बरसात है

— Raj

Rest Zone

72. जीत के जहान को

जीत के जहान को भी
मैंने ये बाजी हारी है

मोहब्बत की दुनिया भी
अब लगता मुझपर भारी है

©Raj Menon

— Raj

73. अनजान रास्ते पर

उस अनजान रास्ते पर....

रास्ता था अनजाना ये सफ़र भी अनजाना
उस अनजान रास्ते पर हो गया मैं दीवाना

मिला एक नज़नीन जो बना हमसफ़र मेरा
चलता चला गया और कट गया यूँही रास्ता

ये मज़िल तो दूर हैं पर वो साथ भी थी मेरी
जब पा लिया मैं मंज़िल तो दूर वो चली गई

नाम भी न पूछा और मालूम नहीं ठिकाना
कैसे मैं ढूँढू उसे ये सोच कर मैं परेशान रहा

तलाश रहा मैं अब नई मज़िल और रास्ते का
शायद मिल जाए कहीं किसी राह पर दोबारा

— Raj

74. हालात अगर साथ देते

हालात अगर साथ देते तो...

हालात अगर साथ देते तो
बन जाता ज़िन्दगी न्यारे
जी लेता इस ज़िन्दगी को
मांगके दुआ फ़िर से जन्मे

ना यहाँ कोई छोड़ता हमें
ना ही लगता तन्हाई प्यारे
रह जाता मस्त कलंदर
किसी को साथी बनाके

ना तकदीर हमसे रूठते
ना ही ख़्वाहिश टूट जाते
हर ख़्वाब को हक़ीक़त में
करके ज़िन्दगी को जी लेते

— Raj

75. हारता तो हर कोई है

हारता तो हर कोई है मगर..

हारता तो हर कोई है मगर
दिल किसने हारा है यहाँ
जीतने का मक़सद है मगर
दिल किसने जीता है यहाँ

मतलब से भरा है ये दुनिया
सच्चा इश्क़ किसने किया यहाँ
फ़रेब से भरा है ज़ेहन मगर
सच्चा आशिक कौन है यहाँ

तन्हाई में बीते हर एक लम्हा
कितना सुकून देता है यहाँ
ये बात तो सिर्फ़ वो ही जाना
जिसने बिताया जीवन यहाँ
— Raj

76. खौफ़

खौफ़...

ये दुनिया डरावना है फिर भी जीना है यहाँ
उसने कहा मेरी जान मुझे बस खौफ़ है उसका

मैंने कहा डरोगी यूँही तो जी नहीं पाओगी यहाँ
उसने कहा मेरी जान मुझे तो बस इल्म है उसका

क्या करें जब डर ही नहीं जा रहा जहन से तेरा
उसने कहा मेरी जान मुझे बस फ़िक्र है उसका

हिम्मत ना हारो, हौसला बढ़ाओ बात बनेगा सारा
उसने कहा मेरी जान मुझे तो बस डर है उसका

होगा नहीं कुछ भी तेरा बस वक़्त गुज़र गया सारा
मैंने कहा मेरी जान मुझे तो बस उम्मीद था उसका

— Raj

77. राही जब भटक जाता है

78. रास्ते...

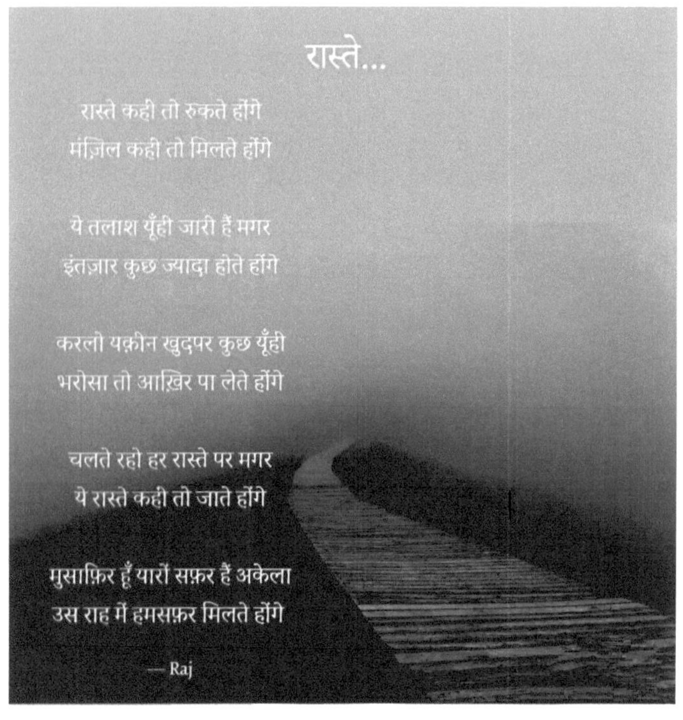

रास्ते...

रास्ते कही तो रुक्ते होंगे
मंज़िल कही तो मिलते होंगे

ये तलाश यूँही जारी हैं मगर
इंतज़ार कुछ ज्यादा होते होंगे

करलो यक़ीन खुदपर कुछ यूँही
भरोसा तो आख़िर पा लेते होंगे

चलते रहो हर रास्ते पर मगर
ये रास्ते कही तो जाते होंगे

मुसाफ़िर हूँ यारों सफ़र हैं अकेला
उस राह में हमसफ़र मिलते होंगे

— Raj

79. सफ़र है सुहाना

सफर है सुहाना
सफ़र है सुहाना
रास्ते भी पुराना
दिल ग़र चाहे तो
मिलता है बहाना

तेरा मेरा याराना
साथ है निभाना
मिल जाए ग़र मंज़िल
साथ है यहाँ चलना
— Raj
— शब्दसारथी
YourQuote.in

80. यादों की सौगात

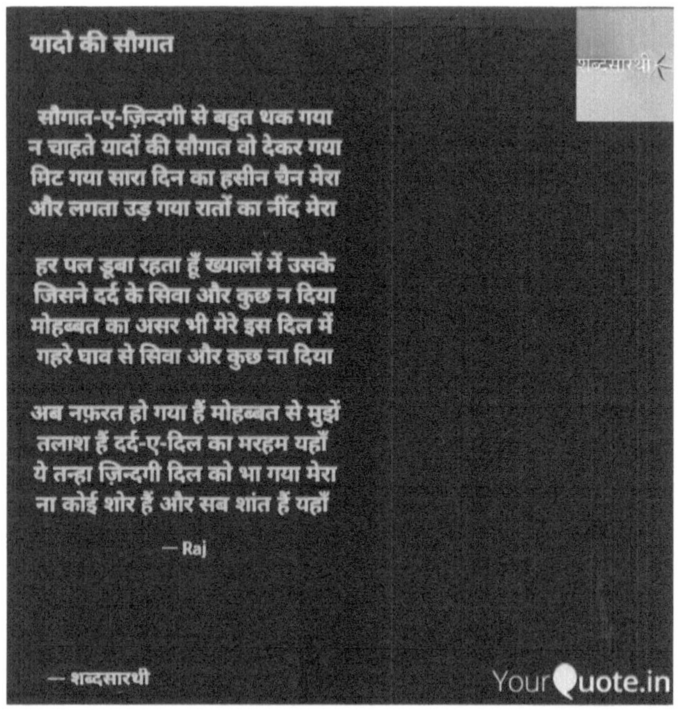

यादो की सौगात

सौगात-ए-ज़िन्दगी से बहुत थक गया
न चाहते यादों की सौगात वो देकर गया
मिट गया सारा दिन का हसीन चैन मेरा
और लगता उड़ गया रातों का नींद मेरा

हर पल डूबा रहता हूँ ख्यालों में उसके
जिसने दर्द के सिवा और कुछ न दिया
मोहब्बत का असर भी मेरे इस दिल में
गहरे घाव से सिवा और कुछ ना दिया

अब नफ़रत हो गया हैं मोहब्बत से मुझें
तलाश हैं दर्द-ए-दिल का मरहम यहाँ
ये तन्हा ज़िन्दगी दिल को भा गया मेरा
ना कोई शोर हैं और सब शांत हैं यहाँ

— Raj

— शब्दसारथी

81. सफ़र-ए-मोहब्बत

82. शब-ए-वस्ल

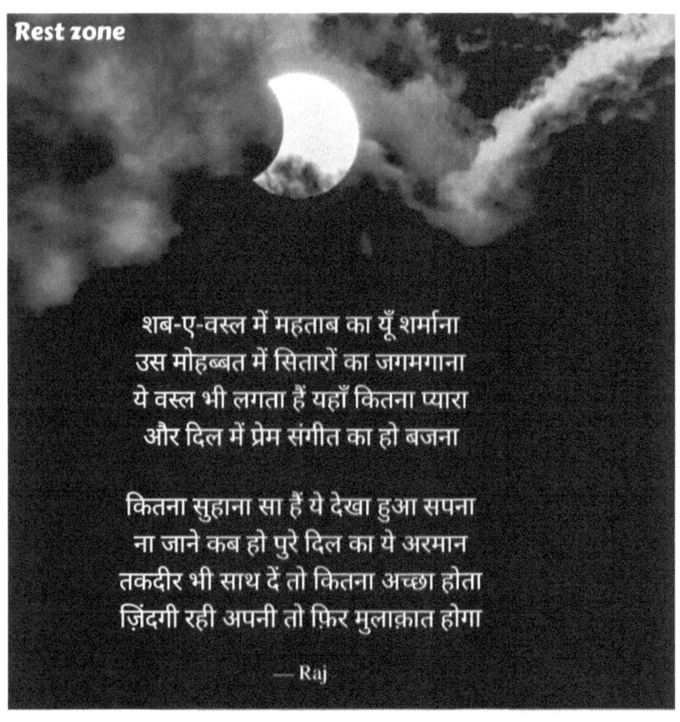

Rest zone
शब-ए-वस्ल में महताब का यूँ शर्माना
उस मोहब्बत में सितारों का जगमगाना
ये वस्ल भी लगता हैं यहाँ कितना प्यारा
और दिल में प्रेम संगीत का हो बजना

कितना सुहाना सा हैं ये देखा हुआ सपना
ना जाने कब हो पुरे दिल का ये अरमान
तकदीर भी साथ दें तो कितना अच्छा होता
ज़िंदगी रही अपनी तो फिर मुलाक़ात होगा

— Raj

83. जीवन सँवर जाते हैं

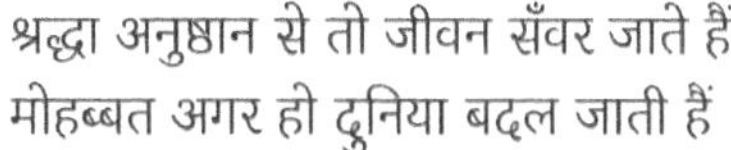

जीवन सँवर जाते हैं

श्रद्धा अनुष्ठान से तो जीवन सँवर जाते हैं
मोहब्बत अगर हो दुनिया बदल जाती हैं

खेल खेल में यहाँ ज़िन्दगी बदल जाते हैं
बहारों का क्या यहाँ मौसम बदल जाते हैं

नसीब अगर हो तो तक़दीर बदल जाते हैं
इन्सानियत का क्या यहाँ इन्सान बदल जाते हैं

— Raj

84. तेरी आँखों की कैद में

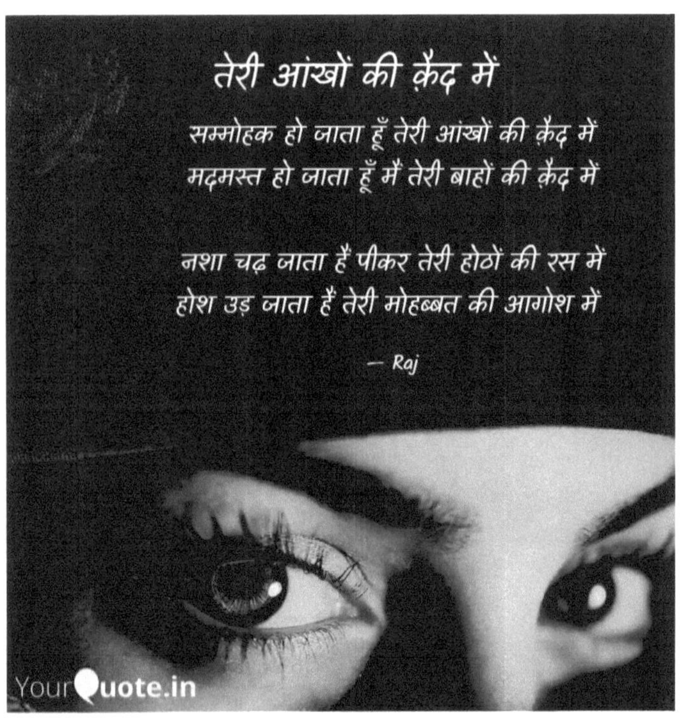

तेरी आंखों की क़ैद में
सम्मोहक हो जाता हूँ तेरी आंखों की क़ैद में
मदमस्त हो जाता हूँ मैं तेरी बाहों की क़ैद में

नशा चढ़ जाता हैं पीकर तेरी होठों की रस में
होश उड़ जाता हैं तेरी मोहब्बत की आगोश में

— Raj
YourQuote.in

85. संसारसागर

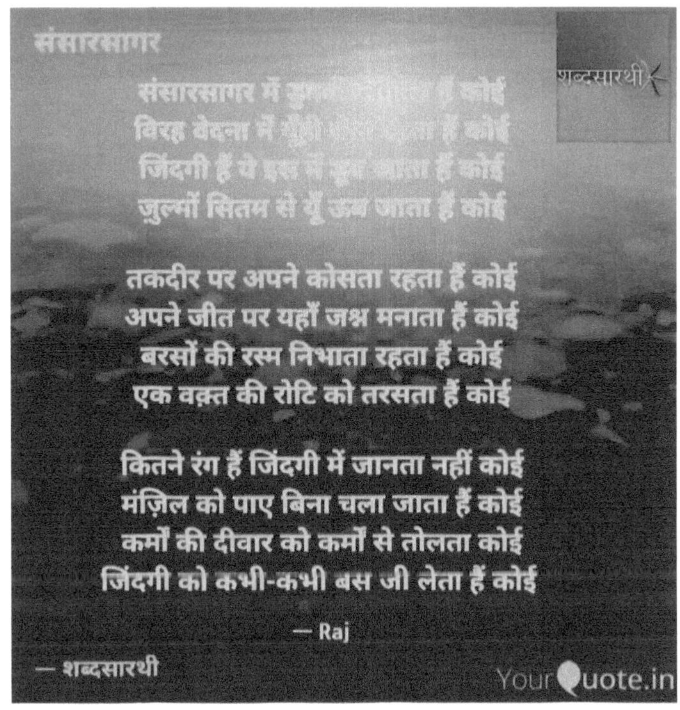

संसारसागर

संसारसागर में डूब [illegible] है कोई
विरह वेदना में भी [illegible] है कोई
ज़िंदगी है ये इस में [illegible] जाता है कोई
ज़ुल्मों सितम से यूँ ऊब जाता है कोई

तकदीर पर अपने कोसता रहता है कोई
अपने जीत पर यहाँ जश्न मनाता है कोई
बरसों की रस्म निभाता रहता है कोई
एक वक़्त की रोटि को तरसता है कोई

कितने रंग हैं ज़िंदगी में जानता नहीं कोई
मंज़िल को पाए बिना चला जाता है कोई
कर्मों की दीवार को कर्मों से तोलता कोई
ज़िंदगी को कभी-कभी बस जी लेता है कोई

— Raj

— शब्दसारथी

86. ज़िन्दगी सिर्फ़ सवाल नहीं

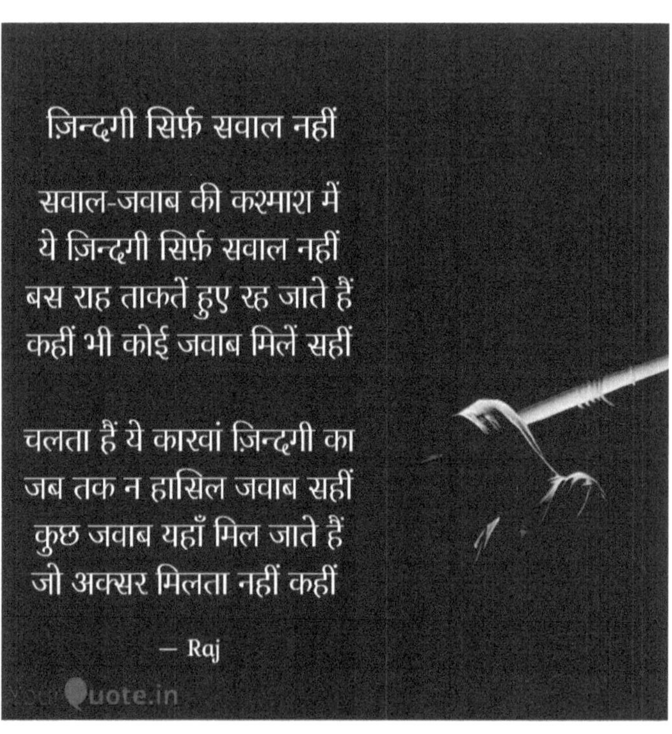

87. स्वर्ग

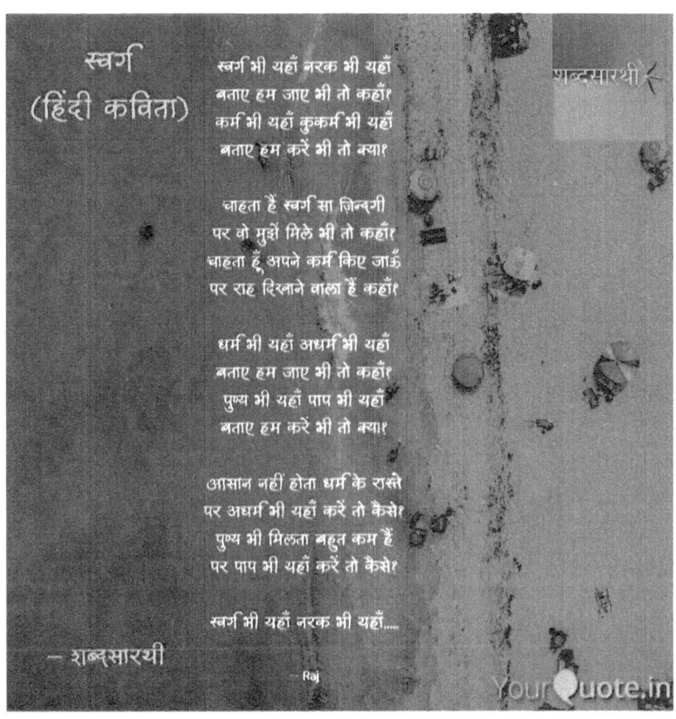

स्वर्ग
(हिंदी कविता)

स्वर्ग भी यहाँ नरक भी यहाँ
बताए हम जाए भी तो कहाँ?
कर्म भी यहाँ कुकर्म भी यहाँ
बताए हम करें भी तो क्या?

चाहता है स्वर्ग सा ज़िन्दगी
पर वो मुझे मिले भी तो कहाँ?
चाहता हूँ अपने कर्म किए जाऊँ
पर राह दिखाने वाला है कहाँ?

धर्म भी यहाँ अधर्म भी यहाँ
बताए हम जाए भी तो कहाँ?
पुण्य भी यहाँ पाप भी यहाँ
बताए हम करें भी तो क्या?

आसान नहीं होता धर्म के रास्ते
पर अधर्म भी यहाँ करें तो कैसे?
पुण्य भी मिलता बहुत कम है
पर पाप भी यहाँ करें तो कैसे?

स्वर्ग भी यहाँ नरक भी यहाँ.....

— शब्दसारथी

— Raj

88. तेरे प्यार

तेरे प्यार...
तेरे प्यार में इस क़दर डूब गया हूँ मैं
अब ना होश रहा इस ज़माने में मुझें

करता गया मोहब्बत कुछ इस क़दर मैं
ना रहा चैन दिन का और नींद रात में

— Raj
— Shayar1221

89. तितलियों की ज़िन्दगी

90. जो दिल प्यार देना...

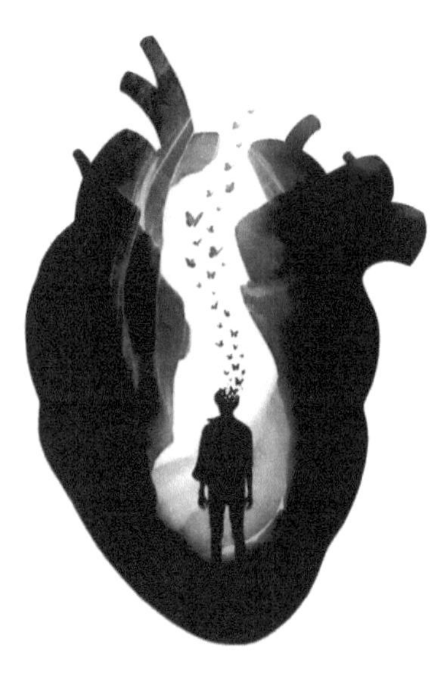

Rest Zone

91. उससे पूछेंगे किसी दिन

92. वक़्त करता है कितने

93. वो मुलाकात

वो मुलाकात
याद आता हैं मुझे वो मुलाकात
जब मिले थे हम-तुम पहली बार

हो रहा था जब मुसलधार बरसात
एक छतरी और हम-तुम थे साथ

भीगा हुआ था ये तन-बदन अपना
इश्क़ की गर्मी और ठंडा एहसास

— Raj

— शब्दसारथी

94. यादों का सिलसिला

यादों का सिलसिला ऐसा मजबूर किया
की फ़िर से तेरी सोच में ज़ेहन डूब गया

जाने कब बेहोशी से फ़िर होश आ गया
जब आया पता चला वक़्त काफ़ी गुज़रा

— Raj

Rest Zone

95. दूर से देखा

ये आँख भर आया मेरा जब तुम्हें दूर से देखा
जब बन जाना था तुम्हे मेरा बनकर मेरी रेखा

पाया तुझें और की बाहों में जब मैंने तुम्हें देखा
इश्क़ में तुझें चाहता रहा तुम थे मेरी हस्तरेखा

जब नसीब ही नहीं था मेरा तुम से मिल जाना
क्या करें तकदीर को कोस कर मुझें भी हैं जीना

देख कर तुमको ख़ुश मैं बस दुआ करता रहता
तेरी झोली में ख़ुशियाँ रहे ऐसा मन्नत मैं मांगता

— Raj

96. ज़िन्दगी बेजान है

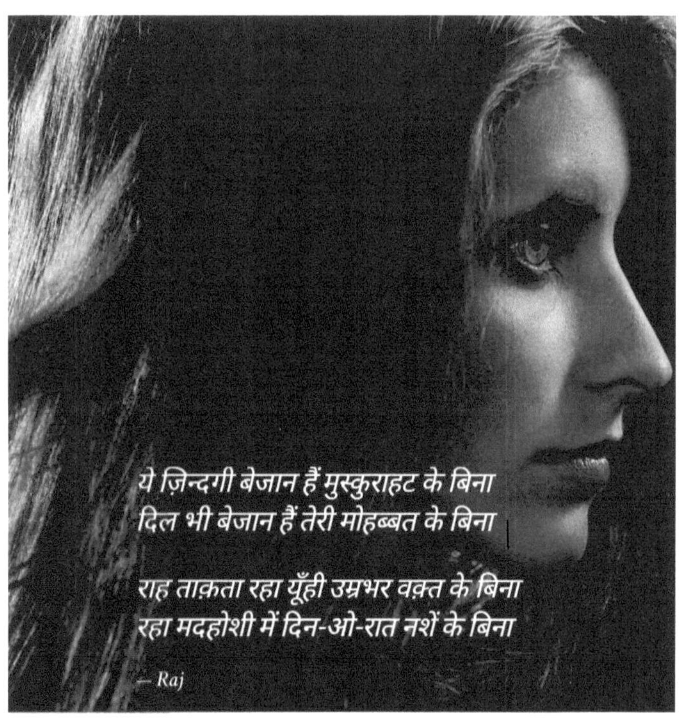

ये ज़िन्दगी बेजान हैं मुस्कुराहट के बिना
दिल भी बेजान हैं तेरी मोहब्बत के बिना

राह ताक़ता रहा यूँही उम्रभर वक़्त के बिना
रहा मदहोशी में दिन-ओ-रात नशें के बिना

— Raj

97. युग

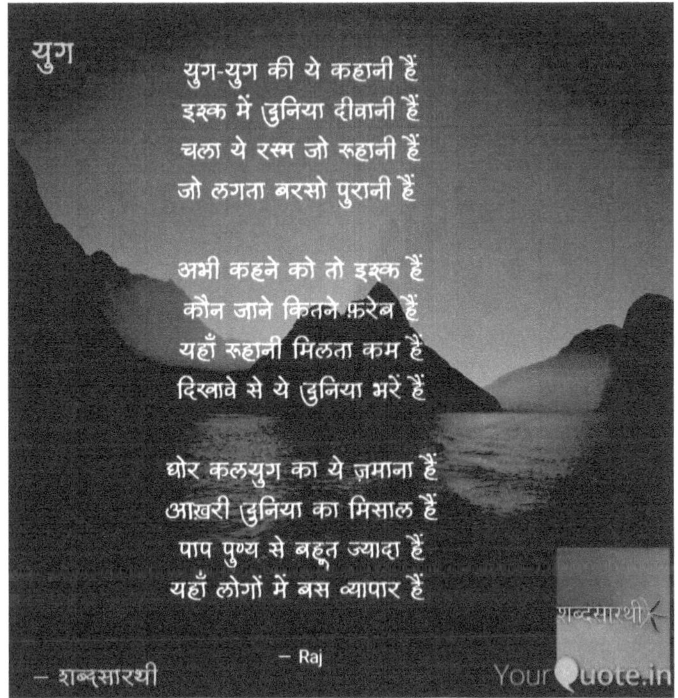

युग

युग-युग की ये कहानी हैं
इश्क में दुनिया दीवानी हैं
चला ये रस्म जो रूहानी हैं
जो लगता बरसो पुरानी हैं

अभी कहने को तो इश्क हैं
कौन जाने कितने फरेब हैं
यहाँ रूहानी मिलता कम हैं
दिखावे से ये दुनिया भरें हैं

घोर कलयुग का ये ज़माना हैं
आख़री दुनिया का मिसाल हैं
पाप पुण्य से बहुत ज्यादा हैं
यहाँ लोगों में बस व्यापार हैं

— Raj

— शब्दसारथी

98. ज़िंदगी के सफ़र में

ज़िंदगी के सफ़र में

ज़िंदगी के सफ़र में मिल जाएंगे राह अनेक
बिन डरे, बिन सहमे चुनना हैं उसमे से एक

मिल जाएगा मंज़िल तुम्हें बस चलते ही जाना
चाहे राह कोई भी हो बस मंज़िल को हैं पाना

— Raj

Rest Zone

99. ज़िन्दगी को चाहिए

ज़िन्दगी को चाहिए,
एक चुटकी हौसला
वक़्त मिले ना मिले,
करते रहना फैसला

मंज़िल मिले न मिले,
बस हैं चलते जाना
रास्ता दिखे ना दिखे,
कभी ना थक जाना

— Ruj

100. कारावास

कारावास

ज़िन्दगी नामक कारावास से
यूँ मुक्ति पा लेना मुश्किल है
इसलिए कहते बुज़ुर्ग अपना
ज़िन्दगी को हँसकर जी लेते

दुख की घड़ी आती है अक्सर
सुख भी कहीं छुपा ही नहीं
मुक्ति को अगर पाना है कभी
मौत से बेहतर कोई दवा नहीं

पा लेना मंज़िल जब वक्त आए
वक्त का इंतजार न करना कभी
जीते रहना है तब तक दुनिया में
जब तक बुलावा आए ना तभी

— Raj

— शब्दसारथी

YourQuote.in

अस्वीकरण

सभी रचनाएँ कल्पना पर आधारित हैं। इसका लेखक के जीवन या ब्रह्मांड में किसी से कोई लेना-देना नहीं है। सभी लेख काल्पनिक हैं और किसी जीवित या मृत व्यक्ति से कोई समानता नहीं है। यदि कोई समानता है तो यह मात्र संयोग है।

लेखक की जीवनी

श्री के.सी. श्रीराज मेनन, जिनका जन्म केरल के एक संपन्न परिवार में 09 सितंबर 1973 को श्री कोझीपुरथ संकुन्नी मेनन और श्रीमती किज़हारा चालापुरथ सेथुलक्ष्मी मेनन के घर हुआ और महाराष्ट्र में अधिवासित हैं। वह बचपन से ही तेज-तर्रार शायरी करते थे, कहते और भूल जाते थे। एक बार उनके एक करीबी दोस्त ने इस पर गौर किया और उन्हें जो भी कविताएँ या उद्धरण कहते थे, उन्हें लिखने के लिए मजबूर किया और तब से उन्होंने लिखना शुरू कर दिया। उन्होंने अपनी कविताओं और उद्धरणों को अपने और अपने करीबी दोस्तों के पास तब तक सीमित रखा जब तक उन्हें अपने कामों को ऑनलाइन लिखने के लिए एक मंच नहीं मिला। वह Your Quote साइट पर एक सक्रिय लेखक हैं और उन्हें प्रतियोगिता के लिए कई प्रशंसापत्र और प्रमाणपत्र प्राप्त हुए हैं। वह एक बहुभाषी लेखक हैं और उनका लेखन विस्मयकारी है। चाहे वह अंग्रेजी, हिंदी, उर्दू, मलयालम और मराठी हो, वह सभी भाषाओं में उत्कृष्ट है। वह कई दिलचस्प लेखकों के लिए एक बड़ी प्रेरणा भी हैं। वह मुंबई विश्वविद्यालय से स्नातक हैं। वह एक एकाउंटेंट हैं और एक स्व-शिक्षित कंप्यूटर इंजीनियर भी हैं। उनके कौशल शीर्ष पायदान पर हैं और उनके पास कई प्रमाणपत्र हैं। अभिनय, लेखन, पेंटिंग और नृत्य और संगीत सुनना आदि... आदि उनके जुनून हैं।

Mail Id.: shreeraj_m@yahoo.co.uk